本书为江苏高校优势学科建设工程资助项目成果

# 中国制造业企业发展之路：理论与经验

The Development of Chinese Manufacturing Enterprises: Theory and Experience

汤二子◎著

经济管理出版社
ECONOMY & MANAGEMENT PUBLISHING HOUSE

**图书在版编目（CIP）数据**

中国制造业企业发展之路：理论与经验 / 汤二子著 .—北京：经济管理出版社，2019.12

ISBN 978-7-5096-6952-5

Ⅰ. ①中… Ⅱ. ①汤… Ⅲ. ①制造工业—工业企业管理—研究—中国 Ⅳ. ①F426.4

中国版本图书馆 CIP 数据核字（2020）第 010318 号

组稿编辑：赵亚荣
责任编辑：赵亚荣
责任印制：黄章平
责任校对：张晓燕

出版发行：经济管理出版社
（北京市海淀区北蜂窝 8 号中雅大厦 A 座 11 层 100038）
网　　址：www. E-mp. com. cn
电　　话：（010）51915602
印　　刷：三河市延风印装有限公司
经　　销：新华书店
开　　本：720mm×1000mm/16
印　　张：11.75
字　　数：193 千字
版　　次：2020 年 1 月第 1 版　　2020 年 1 月第 1 次印刷
书　　号：ISBN 978-7-5096-6952-5
定　　价：58.00 元

# 前 言

在举国欢庆中华人民共和国成立70周年之际，中国的经济状况及国际影响力都上升到举世瞩目的地位。成绩来之不易，这是在中国共产党的坚强领导下、在全国各族人民的努力奋斗中取得的。当把视角专注于制造业生产领域时，会发现中国制造业企业在中华人民共和国成立以后所发挥的作用及所做出的贡献构成了祖国这份光荣成绩单的一部分。

在未来，发展依然是解决中国所面临的诸多问题的方法，中国制造业企业也必须随着时代的进步而逐步发展。中国制造业企业只有依靠发展，才能在激烈的国际市场竞争中赢取先机、保持动力、取得胜利。本书聚焦于中国制造业企业发展路径，从理论与实证两个层面详细阐述中国制造业企业发展所应解决的某些问题。本书大致结构安排如下：

第一章从国际贸易前沿理论出发，解析中国制造业企业"出口—生产率悖论"这一问题。该问题不在理论上予以彻底解决，就会让人在中国制造业企业生产率与出口贸易的关系上产生疑惑，而这两者均是制造业企业发展的主要决定因素。

第二章研究中国制造业企业的生存空间问题，企业要想发展，拥有充分的生存空间是必要的。

第三章研究中国制造业企业的研发创新活动与出口贸易之间的关系。研发是企业提升生产率的主要举措之一，也是决定企业能否长期健康发展的因素之一。

第四章研究中国制造业企业发展过程中如何有效解决诸如污染等问题。绿色与创新、开放同样重要，企业的发展不能违背绿色发展理念，否则是难以持续的。在解决污染排放问题时，相关策略可供选择，比如排污权交易机制。

第五章研究在企业进入限制越来越小的背景下，中国制造业企业所构成的行业的整体经济表现，如总产出如何受某些因素的影响。

第六章实证研究中国制造业企业所隶属的行政机构级别如何影响出口贸易，以期找出激励企业出口及其稳步发展的制度因素。

第七章探讨政府部门在补贴扶持中国制造业企业发展的过程中，如何接受严格监督，如审计监督。只有通过监督才能确保让稀缺的财政补贴资金用于适合的制造业企业。

第八章实证研究在中国制造业企业的发展过程中，其面临的长期选择如研发战略与短期选择如广告策略之间的关系。

第九章研究中国制造业企业员工的工资决定机制。只有当企业员工衷心拥护制造业企业的发展时，这种成果实现共享的发展才会有民众基础。

中国制造业企业发展所包含的内容是极其广泛的，本书中所提出的这些研究视角仅仅是沧海一粟，充分研究这一问题还需广大研究者群策群力。由于时间仓促，特别是笔者学识浅薄，书中难免会存在某些错误，欢迎学界前辈与广大读者批评指正。

**汤二子**

2019 年 9 月于南京

审计大学位育楼

# 目　录

# 第一章

# 中国制造业企业出口与生产率关系的理论阐述

在经济全球化背景下，通过出口贸易参与国际市场是中国制造业企业发展的必然路径之一，因为开放包含在新时代中国的五大发展理念之中。同样，创新亦是五大发展理念之一，中国制造业企业的发展必须伴随着技术创新才行。在实际生产过程中，生产率是衡量制造业企业生产技术与效率的有效指标，所以技术创新或工艺改进等有利于制造业企业发展的举措体现在生产率提升之中。对于企业出口与生产率的关系，国际贸易前沿理论研究发现，拥有高生产率的企业才有机会出口，亦即生产率带动了企业出口。然而，对于中国制造业企业的研究却发现了不同于这一前沿理论的证据，即出口企业的生产率非但不高于内销企业，相反会低于内销企业，这被称为“出口—生产率悖论”问题。这一问题的出现使在研究中国制造业企业发展路径时出现了困惑，那就是企业为了出口来参与国际市场以适应经济全球化趋势时，“悖论”的存在是否就意味着中国制造业企业不应该通过创新与改革来提高生产率。让人觉得中国制造业企业既需要创新与改革，也应该积极参与出口，但要在理论上阐述清楚这两者的关系，必须彻底解决中国制造业企业“出口—生产率悖论”问题。鉴于此，本章依托“悖论”问题来阐述企业出口与生产率之间的理论关系。

## 一、研究背景

中国企业“出口—生产率悖论”是从经验证据中总结得出的一种命题。顾名思义，“悖论”表示违背了某一理论，该理论就是异质性企业贸易理论。Melitz（2003）构建的产业内贸易如何影响行业总体生产率的一般均衡模型认为，生产率高的企业出口，生产率较低的企业内销，而生产率最低的企业随着出口市场的开放而被逐出市场，据此可以得到“出口企业的平均生产率要高于内销企业”的推论。然而，对中国制造业企业样本的实证研究发现了相反的结论，即“中国出口企业的生产率均值要低于内销企业”。鉴于它违背了异质性企业贸易理论的基本推论，因而以“悖论”命名。在众多经验证据中，李春顶和尹翔硕（2009）首次提出了“生产率悖论”的概念[①]。之后，李春顶（2010）详细检验了中国出口企业“生产率悖论”的存在性。在李春顶提出“生产率悖论”概念之后，其迅速成为国内学者经验研究的一个方向并形成了诸多实证研究成果。例如，汤二子等（2011）及盛丹（2013）等的经验研究都支持中国出口企业存在“生产率悖论”的结论。不过，对中国企业“出口—生产率悖论”进行大量的检验之后，学术界又回归冷静，重新细致地思考“悖论”。首先，中国企业“出口—生产率悖论”仅仅是立足于经验证据的命题，那么是否所有以中国企业为样本进行的检验都支持出口存在“悖论”就成为亟须回答的问题。遗憾的是，因为利用的企业样本不同，无法形成一致性的支持“悖论”存在的证据。例如，易靖韬和傅佳莎（2011）根据浙江省企业数据的研究，发现高生产率企业才会进入出口市场，因而符合异质性企业理论的预测，排除了“出口—生产率悖论”存在的可能性。其次，不同生产率计算方法也会对检验结果产生实质性影响，这更加让人质疑“出口—生产率悖论”命题。对于检验支持“出口—生产率悖论”存在的《中国工业企业数据库》（李春顶，2010），范剑勇和冯猛（2013）采用 LP 方法计算企业生产率，基本否定了“悖论”的存在。

中国企业“出口—生产率悖论”是附属于异质性企业贸易理论的命题。如果没有异质性企业贸易理论，那么就不存在“悖论”，因为没有参照物可以被违背。既然中国企业“出口—生产率悖论”形成了中国经验证据对前沿国际贸易理论——异质性企业贸易理论的质疑，那么就应该回归于异质性企业贸易理论来寻找“悖论”存在的理论依据。本章在异质性企业贸易模型的总体框架下，探讨解释中国企业“出口—生产率悖论”命题的各种方法。将异质性企业贸易理论进行裂变，得到“悖论”存在的多种理论依据，从而基本囊括了已形成的对中国企业“出口—生产率悖论”的理论阐述。另外，利用经验证据分析中国企业“出口—生产率悖论”形成原因的不同观点，同样可以在理论裂变框架中找到存在依据。现有经验研究或者理论研究涉及“出口—生产率悖论”问题时，其解释依据一般都是从异质企业模型的某一点寻求突破与改进，从而得到解释“悖论”的某一论据。

① 有的研究中亦称这种现象为中国企业出口的“生产率之谜”。

由于经济现实中的复杂性，这一论据从单个视角来看似乎非常合理，但是在一般化的研究中却相形见绌，难以推广到其他领域或视角。因此，本章对“悖论”所做的一般化解释具有理论意义。之后，从《中国工业企业数据库》的特点出发，尝试利用一种简易的新生产率计算方法，对中国企业“出口—生产率悖论”存在性进行一次检验重塑。由于“出口—生产率悖论”存在性过度依赖于生产率计算方法，从而有必要对比各种生产率检验结果的差异性。最后，从中国“出口—生产率悖论”现实出发，进一步评估异质性企业贸易理论。毕竟，“悖论”作为可能存在的一种现实，与异质性企业理论在逻辑推理上是相悖的。那么，能否根据这个现实直接拒绝异质性企业理论的理论贡献呢？这是本章最后需要思考与阐述的问题。

由于李春顶（2015）已经对中国企业“出口—生产率悖论”进行了详细的研究综述，故本章省略对“悖论”研究现状的介绍。为了从异质性企业贸易理论的分析框架开展分析，有必要阐述异质性的界定及相关假设，这是阐述“悖论”存在的理论依据的基础。本章接下来的主要结构安排大致如下：第二部分“异质性界定及相关假定”是从异质性企业模型着手，着重归纳出异质性企业贸易理论研究中得到的“生产率高的企业出口而生产率低的企业内销”所依赖的主要假定；第三部分“理论裂变”从第二部分所凝练的假设入手，通过与现实经济状况的对照逐一修改这些假定，研究它们如何用来解释“出口—生产率悖论”；第四部分是“衡量重塑”，构建一种简单有效的计算企业生产率的方法，用于检验中国制造业企业“悖论”存在性，并与现有经验判断进行对比与讨论；第五部分“现实与理论”着重考察将“悖论”作为一种现实存在时，如何对待异质性企业理论的问题；第六部分是本章结论。

## 二、异质性的界定及相关假定

新贸易理论用于研究产业内企业的出口问题（Krugman，1979，1980），但它存在的一个不足是代表性企业假定，从而使其无法解释同一行业内为何有的企业出口而另外一些企业仅仅内销的问题。简单的经济统计就能发现，同一行业中的不同企业会做出不同的出口决策。从结果反思原因，企业差异化的出口决策应该是由企业之间的某种差异所造成的。众多实证研究（Bernard et al.，1995；Bernard and Jensen，1999；Aw et al.，2000）发现，企业间的生产率差异是导致企业出口差异的一大因素。据此，Melitz（2003）设定生产率是企业唯一异质性来构建一般均衡模型，研究行业内不同企业出口所造成的动态影响。这篇论文的主要贡献是论证国际贸易对社会福利的影响效应。相对于自给自足，允许出口使生产率高的企业出口，生产率次之的企业只面向国内市场，生产率最低的企业退出市场。不过，企业在生产方面的这种动态调整依赖于劳动力供给满足完全无弹性的假定。Costantini 和 Melitz（2007）在讨论贸易自由化情形下企业层面的动态调整时指出，相对于整个经济体，单个行业的劳动力供给可以设定为满足完全弹性。如果 Melitz（2003）采用完全弹性的劳动力供给假定，那么就难以得到以上企业生产方面的动态调整。尽管 Melitz（2003）主要贡献是论证企业出口的影响效应，但其逻辑推理过程中所得到的“生产率高的企业出口，生产率低的企业内销”似乎更让人关注，其中李春顶和尹翔硕（2009）提出的中国企业“出口—生产率悖论”就是依赖这一推论的产物。

Melitz（2003）提出从生产率视角来研究企业出口决策的差异性，所以生产率异质性成为模型的核心假定。其实，异质性企业贸易模型中的“异质性”也有多种表现形式，就拿 Melitz 及其合作者对异质性企业贸易模型所做的大量研究来说，对企业生产率异质性就赋予了多种含义。例如，Helpman、Melitz 和 Yeaple（2004）将边际成本差异作为企业异质性，阐述企业如何做出 FDI 或者出口的国际化决策。在模型推理中，边际成本就是企业生产率的倒数，等同于生产率异质性假定。Ghironi 和 Melitz（2005）构建了随机一般均衡模型来研究国际贸易与宏观经济的动态调整。他们设定经济体在某一时刻 $t$ 总体生产率水平为 $Z_t$，企业生产率相对值为 $z$，因而企业生产率为 $zZ_t$。参数 $z$ 的异质性决定了企业生产率的异质性。同样，Melitz 和 Redding（2013）分别在封闭经济与开放经济情形下阐述了企业异质性如何影响经济总体福利。Helpman 等（2004）、Melitz 和 Ottaviano（2008）也假定企业生产的边际成本具有异质性，等价于设定企业生产率具有异质性。由此看出，生产率作为企业异质性是异质性企业贸易理论研究的基本做法，这使中国企业“出口—生产率悖论”的状况对于研究生产率与出口关系问题显得意义重大。如果尝试将企业其他方面作为异质性进行研究，如 Bernard 等（2007）假定企业生产率、经济体要素禀赋与行业要素密度均存在差异时，贸易自由化所产生的影响，以及 Crozet 和 Trionfetti（2013）根据企业经营中要素密度的异质性，提出企业层面的比较优势概念，这类做法实质是将生产率的地位弱化了，而弱化生产率地位又是解释“出口—生产率悖论”存在原因的方式之一。因此，可能存在一种矛盾，在异质性企业贸易理论研究中界定出生产率的异质性，从而让一种“例外”情况——中国企业“出口—生产率悖论”具有理论意义，毕竟这是一种生产率与企业出口新的关系。可是在解释这种悖论时，如果放弃生产率异质性，或者同时引入其他异质性因素，的确可以用于“悖论”的解释，但这又弱化了生产率的地位。当生产率地位被弱化后，这一悖论所代表的生产率与企业出口关系的理论意义又何在呢？因此，这在理论上是一种两难的选择。

Melitz（2003）使用的代表性消费者效用函数来源于 Dixit 和 Stiglitz（1977）提出的 C. E. S. 型[①]。由 C. E. S. 型效用函数得到的商品需求函数满足[②]：$q \to 0 \Leftarrow p \to \infty$。Melitz 和 Ottaviano（2008）使用的代表性消费者效用函数为 OTT 型效用函数[③]。由 OTT 效用函数得到线性需求函数，从而满足：$q \to 0 \Leftarrow p \to p_{max}$。正是这一区别使两篇文献对企业是否存在固定经营成本做出了完全不同的假定。Melitz（2003）为了得到零利润条件（ZCP），必须引入固定经营成本 $f$，否则所有企业都能获得利润，从而 ZCP 条件决定的生产率趋于 0[④]。不过，Melitz 和 Ottaviano（2008）假定企业不存在固定经营成本，直接就能根据需求得到零利润条件（ZCP）。根据固定经营成本存在性的不同设定，进而引申到出口市场固定进入成本及国内市场固定进入成本的存在性，成为阐述中国企业“出口—生产率悖论”存在原因的另一切入点。

Melitz（2003）与 Melitz 和 Ottaviano（2008）是异质性企业贸易模型的两种分析框架。采用何种分析框架视具体问题而定，如 Mayer 等（2014）就利用了 Melitz 和 Ottaviano（2008）的基本分析框架，构建了试图解决多产品企业出口的产品组合问题的模型。这两种框架得到的企业出口与生产率关系的结论是一致的，即生产率高的企业出口，生产率次之的企业内销，而生产率

① Bilbiie 等（2012）指出，C. E. S. 型函数来自于 D-S 文献。

② 为了表述清楚，使用“逆向”关系，这样容易从结果导向来发现其中的内在逻辑。

③ 刘海洋等（2012）在研究中国地级以上城市的工资差异时，认为 Melitz 在“新”新贸易理论上取得重大突破以后，与新经济地理方面的权威人物 Ottaviano 合作向“新”新经济地理领域进军，所使用的效用函数借鉴于 Ottaviano 等（2002）的模型。因此，可以将该效用函数称为 OTT 型效用函数。

④ 如果固定经营成本等于 0，根据 C. E. S. 效用函数所得到的不变弹性需求函数及边际成本加成定价法则，可以发现只要企业产量超过 0，那么就能获得利润。“逆向”关系为：$q \to 0 \Leftarrow p \to \infty \Leftarrow \varphi \to 0$，从而 ZCP 条件的生产率趋于 0。

最低的企业将退出市场，据此可以得到“出口企业的生产率均值要高于内销企业”。然而，中国企业“出口—生产率悖论”意味着出口企业生产率均值要低于内销企业。为了寻求解释“悖论”存在的理论依据，首先需要阐述异质性企业贸易是如何得到“生产率高的企业出口而生产率低的企业内销”这一推论的。只要这一推论成立，所谓的中国企业“出口—生产率悖论”现象就不会出现。因此，为了解释悖论，需要对原始模型进行修改，使其无法得到这一推论才行。在 Melitz（2003）模型中，得到这一推论需要依赖以下假定：

（1）代表性消费者的效用函数是 C. E. S. 型，即 $U=\left[\int_{\omega\in\Omega} q(\omega)^{\rho} d\omega\right]^{1/\rho}$。

（2）生产只需要投入一种要素——劳动，并且劳动总量 $L$ 满足完全无弹性供给。

（3）企业只有在生产率 $\varphi$ 上存在差异，并且为了简化，企业具有高生产率意味着生产商品的边际成本更低。

（4）企业生产经营需要支付固定经营成本 $f$，并且所有企业面临相同的固定经营成本。

（5）利用标准的冰山成本 $\tau>1$ 衡量企业出口的单位贸易成本。

（6）企业进入出口市场需要支付固定进入成本 $f_x$。

（7）出口市场不存在任何不确定性。

联合以上七条假定，就能推导出生产率高的企业出口，生产率次之的企业内销，生产率最低的企业被逐出市场。只要满足“生产率高的企业出口而生产率低的企业内销”，那么出口企业的生产率均值一定高于内销企业。换句话说，只要这七条假定同时满足，在理论上就无法去解释“出口—生产率悖论”存在的原因。为了寻求解释悖论存在的理论依据，必然要重新审视这七条假定。通过重构这些假定而裂变异质性企业贸易理论，的确可以用来解释中国企业“出口—生产率悖论”存在的理论依据。

## 三、理论裂变

### （一）效用函数假定

Melitz（2003）利用 C. E. S. 效用函数，构建了分析企业出口与生产率关系的基本模型。如果重新设定代表性消费者的效用函数，那么总体分析框架必将产生根本性变化。正如 Melitz 和 Ottaviano（2008）利用 OTT 效用函数研究时所体现的框架差异一样。效用函数设定的变化，要么利用不同的异质性企业贸易模型框架，要么重新构建新的研究框架，这对于解释中国企业“出口—生产率悖论”的作用不大。首先，如果利用异质性企业贸易模型的其他效用函数，如 Melitz 和 Ottaviano（2008），仅改变效用函数并不影响出口与生产率关系的结论，从而不足以解释悖论。如果设定非用于异质性企业贸易模型的效用函数，尽管可以解释悖论（汤二子和刘海洋，2011），不过非异质性企业贸易模型所得命题的理论意义会大为降低。因为悖论之所以得名，是要依赖于它的参照物——异质性企业理论，如果连参照物都被抛弃了，那么在理论上这样的解释将显得苍白无力。总之，只要是利用 Melitz（2003）的基本模型框架来解释“悖论”，通过重新修订效用函数假定进行理论阐述，这一研究途径的理论意义并不大。

根据效用函数 $U=\left[\int_{\omega\in\Omega} q(\omega)^{\rho} d\omega\right]^{1/\rho}$，得到产品市场需求为 $q(\omega)=Q\left[\frac{p(\omega)}{P}\right]^{-\sigma}$，产品市场销售收入为 $r(\omega)=R\left[\frac{p(\omega)}{P}\right]^{1-\sigma}$，其中 $\sigma=\frac{1}{1-\rho}>1$ 代表替代弹性，$\rho$ 是参数并且满足 $0<\rho<1$。

### （二）劳动要素假定

Melitz（2003）假定生产只需要一种要素——劳动。另外，劳动力供给满足完全无弹性假定。因此，修改这条假定，有两点值得考虑：第一，生产要素不是劳动，或者生产要素不止劳动这一种；第二，生产要素供给不满足完全无弹性。

在企业出口决策模型中，一般假定投入要素只有一种并设为劳动，如 Krugman（1980）。当然，对于该要素是否为劳动，影响并不大。例如，Tang 等（2014）利用异质性企业模型研究环境政策时，为了将要素投入与污染排放联系起来，将投入的唯一要素设定为资源。只要假定投入要素只有一种，无论设定为劳动、资本还是资源，对结论影响并不大。如果假定生产需要两种投入要素，如劳动与资本，那么构造的生产函数通常难以进行异质性企业贸易模型中的一般均衡分析，比如 C-D 生产函数更多是用于经验研究。因此，重新设定投入要素的种类或者数量均难以解释中国企业“出口—生产率悖论”的现象。

不过，劳动力完全无弹性供给假定是 Melitz（2003）中的重要假定，决定了出口如何造成生产的再分配效应。在劳动力供给满足完全无弹性时，生产率高的企业进入出口市场，出口市场产品销售意味着企业需要扩大生产，亦即投入更多的生产要素。在要素供给保持不变时，生产率最低的企业得不到生产要素而被逐出市场。如果劳动力满足完全弹性供给假定（Costantini and Melitz，2007），那么贸易自由化就不会逐出已经投入生产的生产率最低的企业。这种假设重构还是能够得到“生产率高的企业出口而生产率低的企业内销”的命题，只不过贸易所带来的生产动态调整不同于原模型而已。这样就无法证明“悖论”的存在性。

总之，修改生产要素种类或者数量及要素供给弹性的假定，难以解释中国企业“出口—生产率悖论”的存在原因。

## （三）生产率异质性假定

Melitz（2003）假定生产率差异是企业唯一异质性，并且生产率异质性等价于边际成本异质性，从而企业的产品价格、产量、销售收入及营业利润呈现差异性。Melitz（2003）将企业高生产率指代生产具有低边际成本，排除了高生产率企业具有更高产品质量的情形。中国企业“出口—生产率悖论”是来自于经验证据的命题，而经验研究中一般难以衡量产品质量。因此，汤二子和孙振（2012）指出，仅用企业产量计算生产率而忽视产品质量，导致对中国企业出口具有“生产率悖论”存在误判。出口企业的产品质量相对更高，考虑产品质量的生产率应该更能体现出口企业生产率要高于内销企业，从而“悖论”可能并不存在。这种做法是否定或者质疑悖论的存在性，并非去解释悖论的原因。这表明，难以引入质量因素来修正异质性企业贸易理论以解释中国企业“出口—生产率悖论”。

不过，通过引入其他异质性因素来弱化生产率对出口的影响，可以解释中国企业“出口—生产率悖论”。当生产率不是企业唯一差异时，企业其他方面所存在的竞争优势同样可以激发出口。这导致出口与内销企业在生产率方面的差异性相对模糊，从而出口企业生产率均值未必高于内销企业，亦即可能存在悖论。例如，李军和刘海云（2015）指出多个细分行业具有生产率悖论，并指出生产率异质性并非企业出口竞争力差异的有效解释，多重异质性共同决定了企业出口竞争力。李军和刘海云对 Melitz（2003）构建的模型凝练出三个假定，指出这三个假定得到了“生产率高的企业选择出口”的基本命题。在中国情景下重新修正假定而得到企业“出口—生产率悖论”存在的理论依据。他们假定，进入出口市场的固定成本因为出口补贴等措施而小于 0，而进入本土市场的成本大于 0，从而企业进入出口市场的生产率临界值低于内销企业，据此认为中国出口企业存在生产率悖论。由于该假定成立所满足的条件极为苛刻，所以更适用于特定情境下的机理分析。特别地，正如前文所述，中国企业“出口—生产率悖论”描述的是企业出口与生产率之间的一种新型关系，它的理论意义只能体现在生产率具有优势地位的出口贸易研究中。如果引入其他异质性而弱化生产率的地位，悖论存在的理论价值势必降低。总之，弱化生产率在企业出口决策方面的决定性，是解释悖论的一种方法。不过这种方法可能在经验研究中更具有借鉴意义，但是在理论方面的贡献并不是太大。

对于生产率为 $\varphi$ 的企业，生产产量 $q$ 所投入的可变劳动力数量为 $l=q/\varphi$。在 Melitz（2003）单位化的工资假定下，边际成本为 $MC=1/\varphi$。根据需要函数，企业按照边际成本加成定价法则制定的商品价格为 $p=\frac{1}{\rho\varphi}$。因此，企业销售收入为 $r(\varphi)=R\,(P\rho\varphi)^{\sigma-1}$，可变销售利润为 $\pi'(\varphi)=\frac{R}{\sigma}(P\rho\varphi)^{\sigma-1}$。

### （四）固定经营成本假定

Melitz（2003）设定了固定经营成本 $f$，这与 Melitz 和 Ottaviano（2008）不同，原因是不同效用函数所构建的理论框架不同。

在 Melitz（2003）中，如果假定不存在 $f$，那么企业获取利润的生产率临界值变为 0。换言之，所有生产率大于 0 的企业都可以在市场上实现盈利。这能用来解释中国企业“出口—生产率悖论”吗？答案是否定的，因为只要存在出口市场固定进入成本 $f_x$，依然可以得到“生产率高的企业出口，生产率低的企业内销”这一命题，从而难以解释“悖论”的原因。如果同时设定固定经营成本 $f$ 与出口市场固定进入成本 $f_x$ 不存在，这如同 Melitz 和 Ottaviano（2008）的做法，是否可以解释悖论呢？在 Melitz（2003）

框架中，如果这两个固定成本均不存在的话，那么所有企业在出口市场及国内市场都能获得利润。只要投入生产的企业都会选择出口，所以没有出口企业与内销企业之分，也就更不存在出口企业生产率是否高于或者低于内销企业的命题了。这无法解释悖论的存在原因。

对固定经营成本的讨论，反过来可用于阐述劳动力市场的动态调整如何解释中国企业“出口—生产率悖论”。Melitz（2003）构建了一般均衡模型，但在劳动力市场上做了简化处理，只是设定其始终处于均衡状态。劳动力需求 $L_D$ 包含两部分，其一是用于生产的劳动力 $L_P = R - \Pi$，其二是用于固定进入成本的劳动力 $L_e = \Pi$。因此，劳动力总需求 $L_D = L_P + L_e = R$。劳动力供给满足完全无弹性，从而供给 $L_S = L$。由于设定劳动力市场始终出清，从而 $L_D = L_S$，亦即 $L = L_P + L_e = R$。不过，Melitz（2003）对劳动力市场的这种处理方式没有考虑企业之间对劳动力要素的竞争。以固定经营成本为例，当存在 $f$ 时，从事生产企业的生产率区间为［$\varphi^*$，$\infty$），此时劳动力市场已经出清。如果固定经营成本降低直至消失，从事生产企业的生产率区间变为（0，$\infty$）。那么，生产率处于（0，$\varphi^*$）的企业如何获取劳动力要素呢？主要来源是节省的固定经营成本 $Mf[1-G(\varphi^*)]$。为了简化分析，假定生产率处于（0，$\infty$）的企业总数为 $M$，生产率分布函数为 $G(\varphi)$，密度函数为 $g(\varphi)$。那么，节省的固定经营成本是否满足新企业进入所需要的成本呢？这依赖于分布函数的具体性质。总之，要想实现劳动力市场的均衡，需要考虑工资的动态变化，而 Melitz（2003）进行了工资单位化处理。如果重构劳动力市场假定，那么就有可能对中国企业“出口—生产率悖论”提供解释。梁会君和史长宽（2013）指出，劳动力密集型行业的“出口—生产率悖论”更为严重。中国是劳动力充裕的国家，根据比较优势理论，中国对劳动密集型行业的出口应该更为专注。另外，参与出口的企业会雇用更多劳动力，从而相对具有更高的市场势力来压低工资，进而弥补生产率的缺陷。这导致具有较低生产率的企业，尽管出口具有较大压力，却因为低工资成本而实现出口盈利，这是解释悖论的一种机制。如果考虑劳动力异质性导致的工资差异时，出口企业为了更大规模地生产而雇用更高比例的从事一线生产的工人，这些工人的工资相对技术研发人员及高级管理人员要低得多，这可以弥补出口企业较低的生产率状况。陈波和贺超群（2013）研究认为，出口的确拉大了技术工人与非技术工人的工资差距。如果出口企业拥有更高比例的服务于生产环节的工人，那么会具有更大的劳动成本优势。不过，更多的经验证据是支持出口提高了工资水平（于洪霞和陈玉宇，2010）。即使包群和邵敏（2010）指出，我国出口扩张模式满足"低工资增长"的依赖特征，同时也伴随着"高劳动生产率增长"的特征，这无法用来解释悖论。总之，劳动力市场动态调整对解释中国企业"出口—生产率悖论"具有一定的参考价值。不过，修改这一假定会导致 Melitz（2003）分析框架的巨大变化，甚至得不到一般均衡模型的求解结果。因此，本章没有单独列出劳动力市场假定来解释悖论的存在原因。

由于存在固定经营成本 $f$，企业利润 $\pi(\varphi)=\pi'(\varphi)-f=\frac{R}{\sigma}(P\rho\varphi)^{\sigma-1}-f$。企业盈利的生产率临界值 $\varphi^*=\inf\{\varphi:\pi(\varphi)>0\}$，生产率均值 $\bar{\varphi}=\frac{\int_{\varphi^*}^{\infty}\varphi g(\varphi)d\varphi}{1-G(\varphi^*)}$。由于只需利用 Melitz（2003）得到的"生产率高的企业出口而生产率低的企业内销"这一命题，不需要考虑贸易对生产动态调整的再分配效应，所以没有引入随机冲击及企业进入与退出决策的一般均衡分析。

## （五）单位贸易成本假定

Melitz（2003）利用标准的冰山成本讨论出口商品的单位成本。单位贸易成本指包含商品运输等在内的所有和出口数量有关的单位产量出口成本，冰山成本为 $\tau>1$。企业在出口市场的销售收入 $r_x(\varphi)=\tau^{1-\sigma}r_d(\varphi)$，低于国内市场。即使不考虑出口市场的固定进入成本，企业在出口市场所获得的收益因为冰山成本而低于国内市场。因此，所有参与出口的企业必然也会在国内市场销售，即不存在只出口而不内销的企业。

不过，现实经济中可能存在只服务出口而不内销的企业。当企业专注出口而轻视内销时，有可能出现"出口—生产率悖论"，因为这些企业即使生产率低下，也会选择出口。盛丹（2013）实证研究发现，我国外资企业出口存在明显的"生产率悖论"。汤二子（2014）指出，一些本土企业处于国际大型跨国公司生产过程的链条上，这类企业即使生产率低下，哪怕低到无法在出口市场实现盈利也会选择出口。李春顶（2015）指出，外资企业和加工贸易企业存在较大的重合，这两类企业都是造成中国企业"出口—生产率悖论"的可能原因。以上这些说法，其实本质上都可以向修正冰山成本假定上靠拢，让其得到的“出口企业必内销”发生变化，就可用于解释悖论的存在原因。

那么，如何修正冰山成本假定以解释“悖论”呢？可以根据特定情境设定冰山成本 $\tau<1$，这包含两层现实意义：①出口补贴等相关政策降低单位贸易成本，进而激励企业出口（苏振东等，2012）；②外资企业或者跨国公司子公司生产的中间品，出口到母公司指定的其他子公司以求二次利用，比在国内销售具有更高的市场价值。这两种情况都体现了冰山成本 $\tau$ 下降，直至下降到低于 1 的水平。如果 $\tau<1$，暂且不考虑进入出口市场的固定成本，在企业同时决定进入国内市场还是出口市场时，盈利情形包括：①只进入国内市场，利润为 $\pi_d=\frac{r_d(\varphi)}{\sigma}-f$；②只进入出口市场，利润为 $\pi_x=\frac{r_x(\varphi)}{\sigma}-f=\frac{r_d(\varphi)}{\tau^{\sigma-1}\sigma}-f$。因为 $\pi_d<\pi_x$，企业生产率分别使两者超过 0 的下确界满足 $\varphi_x^*<\varphi_d^*$。因此，出口企业生产率均值 $\overline{\varphi}_x=\frac{\int_{\varphi_x^*}^{\varphi_d^*}\varphi g(\varphi)d\varphi}{G(\varphi_d^*)-G(\varphi_x^*)}$，内销企业[①]生产率均值为 $\overline{\varphi}_d=\frac{\int_{\varphi_d^*}^{\infty}\varphi g(\varphi)d\varphi}{1-G(\varphi_d^*)}$。因此，$\overline{\varphi}_x<\overline{\varphi}_d$，这就代表着企业存在“出口—生产率悖论”。

尽管以上分析得到了中国企业存在“出口—生产率悖论”的充分条件，但是该条件非常苛刻，仅仅适用于极个别的情境，甚至根本无法满足。原因如下：①冰山成本 $\tau<1$ 只对极少数企业出口才成立；②没有考虑出口固定成本；③即使所有企业出口都满足 $\tau<1$，并且不考虑出口固定成本，逻辑推理中也存在一个难题，即所有企业只要生产，一定会同时面向国内市场与出口市场。企业同时进入两个市场的利润为 $\pi_{d+x}=\frac{r_d(\varphi)}{\sigma}+\frac{r_x(\varphi)}{\sigma}-f$，生产率临界值满足 $\varphi_{d+x}^*<\varphi_x^*<\varphi_d^*$。因此，所有企业既出口也内销，无法解释悖论的存在原因。

---

① 这些内销企业其实也从事出口，为了进行生产率的比较，将其视为内销企业，而将生产率处于（$\varphi_x^*$，$\varphi_d^*$］的“纯”出口企业视为出口企业。这与平常分析中将内销企业中参与出口的企业视为出口企业，而将“纯”内销企业视为内销企业的做法类似。下文也有类似处理，不再赘述。

总之，在特定情境下修正冰山成本假定可以得到解释中国企业“出口—生产率悖论”的一些依据。

## （六）出口固定成本假定

Melitz（2003）设定企业参与出口的固定进入成本为$f_x$。在单位贸易成本及固定经营成本$f$的假定下，不会出现只从事出口而不内销的企业。企业在国内市场的利润为$\pi_d=\frac{r_d(\varphi)}{\sigma}-f$，从事出口所获得的利润为$\pi_x=\frac{r_x(\varphi)}{\sigma}-f_x$。出口的目的是赚取利润，企业总利润$\pi=\pi_d+\max\{0, \pi_x\}$，盈利状况是决定企业如何做出出口决策的唯一因素。企业盈利的生产率临界值$\varphi^*=\inf\{\varphi: \pi(\varphi)>0\}$。同样，企业出口盈利的生产率临界值为$\varphi_x^*=\inf\{\varphi: \pi_x(\varphi)>0\}$。如果$\varphi_x^*=\varphi^*$，那么所有参与生产的企业都会选择出口；如果$\varphi_x^*>\varphi^*$，那么生产率处于$(\varphi^*, \varphi_x^*]$的企业内销，而生产率处于$(\varphi_x^*, \infty)$的企业出口。内销企业生产率的均值为$\bar{\varphi}_d=\frac{\int_{\varphi^*}^{\varphi_x^*}\varphi g(\varphi)d\varphi}{G(\varphi_x^*)-G(\varphi^*)}$，出口企业生产率均值为$\bar{\varphi}_x=\frac{\int_{\varphi_x^*}^{\infty}\varphi g(\varphi)d\varphi}{1-G(\varphi_x^*)}$，明显有$\bar{\varphi}_d<\bar{\varphi}_x$成立。这表明，Melitz（2003）模型前六个假定下，就可得到“生产率高的企业出口而生产率低的企业内销”的命题，进而得出“出口企业生产率均值要高于内销企业”的推论。

通过修改出口固定进入成本假定解释中国企业“出口—生产率悖论”是一种做法。比如，李军和刘海云（2015）通过中国情景设定$f_x<0$，得到生产率低的企业出口，据此解释“悖论”存在的机理。不过，出口固定进入成本小于0是非常苛刻的假定。如果设定不存在出口固定进入成本$f_x$，那么是否可以用来解释“悖论”呢？它将依赖于单位贸易成本假定。如果冰山成本$\tau>1$，尽管企业内销是出口的必要条件，由于不存在出口固定进入成本，企业在出口市场上一定能实现盈利（$\pi_x=r_x/\sigma>0$），从而所有企业都将出口。如果冰山成本$\tau=1$，此时既没有出口固定成本也没有单位贸易成本，出口市场与国内市场完全一致，所有在国内市场生产的企业都会出口。如果冰山成本$\tau<1$，那么对“悖论”的解释能力已在前文做了分析。

另外，为了解释中国企业“出口—生产率悖论”的原因，在讨论出口固定进入成本假定时会联合国内市场固定进入成本 $f_d$。例如，安虎森等（2013）假定企业进入任何市场都要支付固定进入成本，其中国内市场也不例外。他们认为，在某些情况下，进入国内市场的成本要高于国外市场，从而有助于解释“悖论”。目前，在以国内市场分割为视角来解释“悖论”的文献中，基本思路就是认为进入国内市场需要支付各种成本，其中包括固定进入成本，甚至包括冰山成本，从而进入国内市场的企业生产率要求更高，据此解释悖论。例如，张艳等（2014）将国内市场细分为本市市场、本省市场、外省市场及海外市场，对每个市场的单位贸易成本及贸易固定成本都进行了参数化赋值，用于解释“悖论”的原因。

假定国内市场固定进入成本为 $f_d$。如果 $f_d<f_x$，Melitz（2003）的基本结论没有太大变化；如果 $f_d>f_x$，尽管可以对企业“出口—生产率悖论”提供一些解释，但同样依赖于单位贸易成本所做的假定。由于固定经营成本为 $f$，无论是内销还是出口，企业只要生产就需支付 $f$。企业只内销所获得的利润为 $\pi_d=\dfrac{r_d(\varphi)}{\sigma}-f_d-f$，只出口所获得的利润为 $\pi_x=\dfrac{r_x(\varphi)}{\sigma}-f_x-f$，两者大于 0 的生产率临界值分别为 $\varphi_d^*$ 与 $\varphi_x^*$。尽管 $f_d>f_x$，如果 $\tau>1$，那么 $\varphi_d^*$ 与 $\varphi_x^*$ 还是具有不确定性。如果 $\tau\leqslant1$，那么 $\varphi_d^*>\varphi_x^*$，则出口企业的生产率均值为 $\bar{\varphi}_x=\dfrac{\int_{\varphi_x^*}^{\varphi_d^*}\varphi g(\varphi)d\varphi}{G(\varphi_d^*)-G(\varphi_x^*)}$，内销企业的生产率均值为 $\bar{\varphi}_d=\dfrac{\int_{\varphi_d^*}^{\infty}\varphi g(\varphi)d\varphi}{1-G(\varphi_d^*)}$。因此，可以得到 $\bar{\varphi}_x<\bar{\varphi}_d$，这是企业存在“出口—生产率悖论”的充分条件。不过，正如前文所述，$\tau\leqslant1$ 是一个非常极端的假定，并且 $f_d>f_x$ 也不具备一般化特点，所以该“悖论”的充分条件由于假设过于苛刻而不具备显著的理论意义。它的实际意义在于考虑哪些企业比较符合条件 $\tau\leqslant1$ 与 $f_d>f_x$，就能分离出“悖论”存在概率更高的行业。李春顶比较认可加工贸易是造成中国企业“出口—生产率悖论”的一大原因（李春顶和尹翔硕，2009；李春顶，2010；李春顶等，2015）。加工贸易造成“悖论”的机理就能从这两个条件进行阐述。首先，加工贸易企业的冰山成本 $\tau$ 下降甚至低于 1 的形成原因，前文已经做了介绍。其次，加工贸易企业服务于全球市场，有的可能在生产前就已选定国外销售市场，反而在国内市场的销售会显得更为陌生，有的产品甚至还不符合国内的消费习惯，所以出口市场的固定进入成本的确会低于国内市场，即$f_x<f_d$。这样就为解释“悖论”找到了一些理论依据。

总之，修改出口市场固定进入成本或者联合国内市场固定进入成本假定来解释悖论，在已有研究中属于比较常见的做法，所得到的理论命题也颇具参考价值。

### （七）出口市场确定性假定

尽管以上六条假定就能得到“生产率高的企业出口而生产率低的企业内销”这一命题，不过逻辑推理中还依赖于一个潜在假定，即出口市场不存在任何不确定性。企业是否出口取决于利润最大化目标，出口无法实现盈利就放弃出口。相反，只要出口能够实现盈利，企业就一定会出口。不过，现实情形未必如此，出口市场存在很多伴随风险的不确定性。最简单的例子就是汇率波动。潘红宇（2006）研究了汇率风险如何影响中国对日本的出口，认为汇率风险尽管在长期中对出口没有影响，但在短期内却会影响企业出口。出口市场存在各种风险所造成的不确定性，降低了原本能够实现出口盈利的高生产率企业选择出口激励。因此，存在部分生产率相对较高的企业放弃出口而只选择内销，这样就有可能造成企业“出口—生产率悖论”。刘海洋等（2011）指出，企业进入出口市场的限制对“悖论”的影响就是这种分析的方式之一。尽管当前中国经济的总体趋势是鼓励企业出口，汤二子（2014）归纳了五种可能引起高生产率企业放弃出口的情形，并笼统地将这些情形当作企业进入出口市场的限制。出口市场不确定性及由此演化而来的出口市场进入限制，可以对中国企业“出口—生产率悖论”提供一些解释。不过，随着中国逐步融入国际市场，出口市场不确定性及进入限制呈逐渐降低的趋势。

### （八）小结

通过重新审视 Melitz（2003）模型的有关假定并裂变异质性企业贸易理论，可以看出造成中国企业“出口—生产率悖论”的一系列可能原因。不过，还无法得到令人满意的导致“悖论”存在的充分条件。如果可以重新建构模型并得到“悖论”存在的充分条件，并且假设相对 Melitz（2003）更具一般性的话，那么中国“出口企业生产率均值低于内销企业”的经验证据就不是相对 Melitz 模型的“悖论”了。这一经验证据连同比 Melitz（2003）更具一般化假定所构建的理论模型，至少可以与异质性企业贸易理论相并列，成为国际贸易领域的一大理论创新。

无论从经验研究还是理论研究出发，已经形成的一系列对中国企业“出口—生产率悖论”原因的解释，在某个特定领域内非常具有说服力。不过，究其本质无非是突破异质性企业贸易模型的以上七条假定中的一条或者几条，否定掉“生产率高的企业出口而生产率低的企业内销”这一命题，致使得不到“出口企业生产率均值高于内销企业”的推论。从某一方面更改异质性企业贸易模型的假定，实际上还是将该模型作为权威参照物进行理论阐述的思维逻辑。表 1-1 总结了对中国企业“出口—生产率悖论”所形成的主要解释中，如何依赖于异质性企业贸易模型的假设重构。

**表 1-1　已有“悖论”的解释逻辑与假设重构的对应关系**

| 假设 | 相关文献 | 假设重构及主要解释 |
| --- | --- | --- |
| 假设 1 | 汤二子和刘海洋（2011） | 没有设定效用函数，直接从企业生产角度出发，从资本劳动比率视角研究“悖论” |
| 假设 2 | 刘晴和徐蕾（2013） | 将劳动力分为高技能劳动力与低技能劳动力，贸易前存在过剩的低技能劳动力，联合加工贸易以解释“悖论” |
| 假设 3 | 李军和刘海云（2015） | 认为生产率并非唯一异质性，相对弱化了生产率的地位，因而出口企业未必具有较高的生产率 |
| 假设 4 | 余壮雄等（2015） | 企业除了固定经营成本 $f$ 外，进入国内市场也具有固定进入成本 $f_d$，结合 FDI 来阐述“悖论” |
| 假设 5 | 施炳展等（2013）；盛丹（2013）；汤二子（2014）；Lu 等（2010） | 补贴通过降低出口价格提升出口数量，所以冰山成本会变化。外资或者跨国公司子公司等类型企业专门服务出口而非内销，这是冰山成本所得不到的结论，而这些企业可能是导致“生产率悖论”存在的原因 |
| 假设 6 | 邱斌和闫志俊（2015）；李春顶和尹翔硕（2009）；李春顶（2010） | 出口固定成本也具有异质性，高生产率的非出口企业面临更高的出口固定成本。加工贸易在理论上可以看成面临较低出口固定进入成本，不需要更高的生产率就能维持出口盈利，从而导致“悖论” |

续表

| 假设 | 相关文献 | 假设重构及主要解释 |
| --- | --- | --- |
| 假设 7 | 刘海洋等（2011） | 不是所有能够实现出口盈利的企业都会自动选择出口，部分生产率高的企业可能会因为不确定性而放弃出口，从而导致“悖论” |

注：假设 1 至假设 7 的内容见第二部分结尾。在所列的相关文献中，一些已经在理论分析中进行了讨论。

从表 1-1 可以看出，对中国企业“出口—生产率悖论”解释的切入点基本上都是从变更异质性企业贸易模型中的某个假设开始，使其得不到“生产率高的企业出口而生产率低的企业内销”命题，接着指出所重新定义的假定或者由经验分析所内含假定的现实根源是导致“悖论”存在的一种原因。

中国企业“出口—生产率悖论”的理论意义是否显著，还要依赖于“悖论”是否真的存在。接下来利用一种简单可行的生产率计算方法进行衡量。

## 四、衡量重塑

前几年，国内学术界对检验中国企业“出口—生产率悖论”的存在性非常感兴趣，同时取得了较为丰富的学术成果。有的文献支持“悖论”的存在性，也有一些文献认为中国企业出口不存在“悖论”。造成此种差异的原因，可能是样本差异或者生产率计算方法的不同（汤二子，2014；余壮雄等，2015）。对中国企业“出口—生产率悖论”存在性的检验，主要数据来源当数《中国工业企业数据库》，这从李春顶（2015）梳理的代表性文献中就能看出。本章检验所用数据来自 2006 年与 2007 年的《中国工业企业数据库》。该数据库包含大量样本，所以搜集整理工作非常烦琐。目前，在使用该数据库的最新经验研究中，一般只用到 2007 年，如王定星（2016）、孙浦阳等（2015），当然也有一些研究用到了 2008 年甚至 2009 年的数据。不过，2008 年与 2009 年数据可能存在一些小瑕疵，比如 2008 年没有有色金属冶炼及压延加工业（二分位代码：33）的数据（汤二子和孙振，

2012)，2009年的原始样本量要比2008年大约少9万个，甚至比2007年也要少1.6万个左右［见文东伟和冼国明（2014）的表1］，这对中国企业“出口—生产率悖论”的检验可能会产生一些消极影响。本章选择2007年制造业企业数据作为检验的样本，再用2006年的数据进行分析以确定对中国企业“出口—生产率悖论”存在性的检验是否具有稳健性。本书后面部分章节也会用到《中国工业企业数据库》，但是基于不同的研究特点，所采用的数据年度可能是不同的。国内学者对“悖论”的检验多种多样，特别是运用了很多方法计算生产率，有些方法蕴含了非常先进的技术。本章根据《中国工业企业数据库》的基本特点，构造了一种既简便又实用的生产率计算方法，用来检验中国企业“出口—生产率悖论”的存在性。

生产率衡量企业投入一定资源用于生产进而获取产量的高低。根据这个思路，如果能够寻找到产量与投入资源变量，那么两者的比率就可看成企业生产率。产量与资源比率，看似简单的说法，其中却存在一大难题，那就是资源是多种多样的并且衡量单位也不同，从而如何整合所有要素为总体“资源”成为棘手问题。比如常见的投入要素——资本与劳动，衡量单位分别是货币价值与雇用员工人数，从而造成运用产出与投入比率衡量生产率的困难。不过，细看《中国工业企业数据库》，可以找到解决该问题的替代方案。首先，对于企业产出变量，该数据库利用货币价值记录了工业总产值；其次，对于企业资本变量，该数据库也利用货币价值衡量了资产总计值；最后，对于企业劳动力变量，数据库中记录了员工人数，这与前两者的衡量单位不同，不过利用货币单位记录的当前支付工资总额可当作衡量劳动力的代理变量。这样，资产总计与支付工资总额的货币值之和就能当成企业生产资源的一种整合计量。因此，工业总产值除以资产总计与工资总额之和就能当作对企业生产率的一种计算方式。范剑勇和冯猛（2013）采用LP方法，以及用资本服务流损耗和劳动力服务流损耗形式度量资本与劳动流量来计算生产率，其中劳动力服务流损耗就是以工资总额、福利费、企业缴纳三险一金及职工教育费来衡量。本章直接利用比率来计算生产率，这样可以与传统衡量“悖论”生产率的主要指标 *LTFP* 及 *ATFP*（李春顶，2010）进行比较。由于资产总计与工资总额之和可以近似看成企业生产所投入的货币总成本，所以将其命名为“投入成本生产率”。

在计算企业“投入成本生产率”之前，需对数据进行简单的样本筛选。首先，只选用制造业企业样本（李春顶，2010）；其次，只选用营业状态为正常的样本；最后，分别删除工业总产值低于500万元的所有样本、资产总计低于100万元的所有样本、工资总额低于10万元的样本。这样，利用比率计算得到所有企业样本的“投入成本生产率”。利用该生产率对中国企业“出口—生产率悖论”的检验结果记录在表1-2中。具体检验过程如下：先计算出每个企业的生产率，再对每个行业分别计算出口企业与内销企业的生产率均值，结果分别记录在表1-2中。最后根据出口企业与内销企业生产率均值的大小，确定所在行业是否存在“出口—生产率悖论”。如果内销企业的生产率均值高于出口企业，那么就判断该行业存在“悖论”，判断结果同样记录在表1-2中。该检验方法因其可行性及易操作性受到了研究者的青睐，比如李春顶和尹翔硕（2009）、李春顶（2010）、汤二子（2014）等的研究都采用了这一检验方法。特别地，为了在第五部分阐述企业出口与生产率在理论与现实层面上的逻辑关系，使用这一检验方法可以更加清晰地探讨它们之间内在联系的机理。

**表1-2　基于“投入成本生产率”的“悖论”判断**

| 行业代码 | 2006年 | | | 2007年 | | |
|---|---|---|---|---|---|---|
| | 出口企业 | 内销企业 | 悖论判断 | 出口企业 | 内销企业 | 悖论判断 |
| 13 | 2.49 | 3.27 | 存在 | 2.63 | 3.59 | 存在 |
| 14 | 1.56 | 2.10 | 存在 | 1.62 | 2.39 | 存在 |
| 15 | 1.30 | 1.83 | 存在 | 1.30 | 2.02 | 存在 |
| 16 | 1.11 | 0.82 | 不存在 | 0.97 | 0.90 | 不存在 |
| 17 | 1.86 | 2.27 | 存在 | 1.87 | 2.47 | 存在 |
| 18 | 1.92 | 2.32 | 存在 | 1.92 | 2.44 | 存在 |
| 19 | 2.10 | 2.72 | 存在 | 2.11 | 2.84 | 存在 |
| 20 | 2.22 | 2.77 | 存在 | 2.29 | 3.15 | 存在 |
| 21 | 1.62 | 2.33 | 存在 | 1.72 | 2.57 | 存在 |
| 22 | 1.42 | 1.99 | 存在 | 1.43 | 2.23 | 存在 |
| 23 | 1.06 | 1.40 | 存在 | 1.11 | 1.61 | 存在 |
| 24 | 1.88 | 2.26 | 存在 | 1.86 | 2.40 | 存在 |
| 25 | 1.71 | 2.31 | 存在 | 1.71 | 2.82 | 存在 |
| 26 | 1.64 | 2.34 | 存在 | 1.79 | 2.58 | 存在 |

续表

| 行业代码 | 2006 年 | | | 2007 年 | | |
|---|---|---|---|---|---|---|
| | 出口企业 | 内销企业 | 悖论判断 | 出口企业 | 内销企业 | 悖论判断 |
| 27 | 1.32 | 1.40 | 存在 | 1.36 | 1.70 | 存在 |
| 28 | 1.25 | 2.26 | 存在 | 1.31 | 2.57 | 存在 |
| 29 | 1.46 | 2.11 | 存在 | 1.52 | 2.46 | 存在 |
| 30 | 1.53 | 2.05 | 存在 | 1.57 | 2.28 | 存在 |
| 31 | 1.79 | 1.82 | 存在 | 1.80 | 2.18 | 存在 |
| 32 | 1.61 | 2.88 | 存在 | 1.74 | 3.08 | 存在 |
| 33 | 1.82 | 3.32 | 存在 | 2.06 | 3.75 | 存在 |
| 34 | 1.72 | 2.09 | 存在 | 1.72 | 2.33 | 存在 |
| 35 | 1.51 | 2.03 | 存在 | 1.54 | 2.33 | 存在 |
| 36 | 1.21 | 1.77 | 存在 | 1.20 | 2.11 | 存在 |
| 37 | 1.35 | 1.73 | 存在 | 1.34 | 1.95 | 存在 |
| 39 | 1.58 | 2.03 | 存在 | 1.61 | 2.21 | 存在 |
| 40 | 1.46 | 1.54 | 存在 | 1.49 | 1.66 | 存在 |
| 41 | 1.34 | 1.50 | 存在 | 1.36 | 1.70 | 存在 |
| 42 | 1.94 | 2.22 | 存在 | 2.10 | 2.62 | 存在 |
| 43 | 1.57 | 3.84 | 存在 | 2.02 | 3.57 | 存在 |

注：二分位代码所指代的行业名称见李春顶（2010）。

根据表 1-2 的检验结果发现，30 个制造业行业中，有 29 个行业存在“出口—生产率悖论”现象，并且 2006 年与 2007 年结果相同也表明检验具有稳健性。这应该是当前检验文献中得到的支持中国企业“出口—生产率悖论”存在的最强证据。

对于中国企业“出口—生产率悖论”的检验，汤二子（2014）及李春顶（2015）均指出生产率的不同计算方法对检验结果存在影响，同时所采用的样本也会使检验结果存在波动。为了得出生产率计算方法对检验结果的影响，寻找出利用《中国工业企业数据库》中制造业企业样本进行检验的主要文献，看悖论存在性的检验结果如何依赖于生产率的计算方法。梳理的结果记录在表 1-3 中，这些生产率均具有各自的优缺点。

**表 1-3　不同生产率计算方法对悖论存在性的检验结果的对比**

| 生产率名称 | 对应文献 | 检验结果 |
|---|---|---|
| 劳动生产率 *LTFP* | 李春顶（2010） | 大约 55%的行业存在悖论 |
| 近似全要素生产率 *ATFP* | 李春顶（2010） | 大约 67%的行业存在悖论 |
| 相对全要素生产率 *Ln_TFP* | 汤二子（2014） | 大约 63%的行业存在悖论 |
| *OP* 生产率计算方法 | 霍伟东和王明彬（2015） | 大约 40%的行业存在悖论 |
| *LP* 生产率计算方法 | 范剑勇和冯猛（2013） | 否定了悖论的存在性 |
| 投入成本生产率 | 本章 | 大约 97%的行业存在悖论 |

注：以上生产率的计算方法见对应文献。检验结果中所列出的行业存在悖论的比率，是从 2004 年开始计算所有年份在对应生产率下存在悖论的行业总数，接着求年度均值，最后除以 30 个制造业行业总数得到。

从表 1-3 的结果看出，不同生产率计算方法得到的悖论检验结果千差万别，*LP* 生产率计算方法甚至完全否定悖论的存在性，*OP* 生产率计算方法也不是十分支持悖论的存在性。不过，经常用于悖论检验的生产率计算方法 *LTFP*、*ATFP* 及 *Ln_TFP* 都是比较支持“悖论存在”这一命题的。本章提出的利用资本及工资总额构造的“投入成本生产率”得到了极强的支持中国企业“出口—生产率悖论”存在的证据。需要指出的是，当前关于中国企业出口方面的相关研究中，中国海关数据库受到很高的关注，特别是将海关数据库与《中国工业企业数据库》进行匹配进行经验研究，可以分析很多有意义的问题，如许家云等（2015）进行的研究。中国企业“出口—生产率悖论”这一命题由李春顶和尹翔硕（2009）率先提出，他们所使用的数据就是《中国工业企业数据库》。鉴于单独使用《中国工业企业数据库》就能进行中国企业“出口—生产率悖论”的检验，并且为了一致性地比较检验结果的差异性，本章没有用到中国海关数据。

以上检验结果引发了重新审视企业生产率与出口关系的现实存在与异质性企业贸易理论的关系问题。

## 五、现实与理论

异质性企业贸易理论经历了从实证到理论的发展过程，众多经验研究所发现的“出口企业生产率一般要高于内销企业”的现象让理论研究者突出生产率的地位，进而解析企业出口与生产率关系问题。中国企业“出口—生产率悖论”的存在性是否对异质性企业贸易理论提出了质疑，或者说能否颠覆这一前沿贸易理论呢？李春顶（2015）指出，悖论没有否定或者颠覆异质性企业贸易理论，只是提出了一个例外或者是增加了约束条件。这种说法其实类似于在异质性企业贸易模型中修改某条或者几条假设来解释悖论存在的可能原因。在不引入苛刻条件下，修改某条或者几条异质性企业贸易模型中的假定，只能得到“出口企业生产率未必一定要高于内销企业”这一命题，而这一命题并非悖论存在的充分条件。因此，本章有必要从异质性企业贸易理论的本质来进一步探讨悖论存在的现实性与异质性企业贸易理论贡献性的关系。

第四部分的检验得到了这样的事实，那就是出口企业生产率均值在绝大多数行业中要低于内销企业，这被称为企业“出口—生产率悖论”。由于异质性企业贸易理论中包含这样的逻辑命题，即出口企业的生产率要高于内销企业，从而演绎得到“出口企业生产率均值要高于内销企业”。因此，这样来看只要承认“悖论存在”这一现实，至少可以质疑异质性企业贸易理论的逻辑推理过程。不过，理论是对现实的概括，不可能囊括现实中所有的可能。更重要的是，异质性企业贸易理论的核心内容并不仅是证明“生产率高的企业出口，生产率低的企业内销”这一命题，而是致力于研究贸易对企业生产再分配的动态影响机制，无论 Melitz（2003）还是 Melitz 和 Ottaviano（2008）均是如此。在推理过程中，“生产率高的企业出口，而生产率低的企业内销”仅仅是其中一个中间命题而已。要否定这一命题，无外乎有下列两种情况：

（1）存在生产率高的企业不出口只内销。

（2）存在生产率低的企业选择出口。

这两种情形的存在性是探讨悖论原因的主要切入点，只是表现形式各有差异而已。然而，无论是异质性企业贸易理论所依据的经验事实，还是中国企业“出口—生产率悖论”的现实状况，以上两种情况肯定都会存在。因为出口企业与内销企业的生产率区间不可能完全分割，肯定存在相互包含的情况。也就是说，即使没有发现中国企业“出口—生产率悖论”存在的现象，异质性企业贸易模型在推导过程中所得出的“生产率高的企业出口，生产率低的企业内销”这一命题同样是片面的，因为与所有的经济现实都相矛盾。从这一层面来说，中国企业所存在的悖论现象不具有否定或者颠覆异质性企业贸易理论的意义。

问题重点是如果否定“生产率高的企业出口，而生产率低的企业内销”，或者说以上两种现实状况纳入理论分析的范畴，异质性企业贸易理论的核心结论能否得到。Melitz（2003）的核心结论是假定所有企业生产率保持不变，贸易的动态分配机制让生产集中于生产率高的出口企业，驱使部分生产率低的企业退出市场。这种再分配效应导致行业内整体生产率的提高。换句话说，即使没有任何技术进步或者效率释放，仅仅因为企业参与国际贸易，整个行业的整体生产率也会上升。那么，如果考虑以上两种实际状况，能不能影响这个核心结论呢？笔者认为可能有影响，也可能没有影响，取决于企业生产率的密度分布。不过，只要是企业参与出口，其使用的生产资源肯定要增加，因为满足国际市场销售的产品生产需要投入资源，这个结论应该不容置疑。在资源约束性条件下，肯定导致部分企业退出市场。这就是说，出口导致企业生产再分配效应肯定存在。那么最先被逐出市场的企业所具有的特性决定着行业总体特征的变化。如果被逐出市场的企业生产率普遍较低（应该比较接近现实），那么“贸易提高行业平均生产率”的命题一般会成立。这种生产再分配与以上两种现实情况并不矛盾，甚至与中国企业“出口—生产率悖论”现象也不矛盾。换句话说，中国企业悖论现象对异质性企业贸易理论中有关出口的动态生产分配效应的影响不大，从而该理论的核心命题得以保留。

如果用一系列假设得到“生产率低的企业出口，生产率高的企业内销”，作为中国企业“出口—生产率悖论”的充分条件，这样的理论构建是否可以颠覆异质性企业贸易理论呢？首先，这样的假设肯定非常苛刻。其次，即使假设不苛刻，同样避免不了以上两种实际情况的挑战，只是表现形式相反而已，即现实中出口企业与内销企业的生产率永远不会完全分割开来。最后，即使得到完备的理论模型构建，也只能作为与异质性企业贸易理论平行的理论，用于中国情况的机理分析。

总之，中国出现的“出口企业生产率均值低于内销企业”的现实，其意义不是去挑战或者质疑异质性企业贸易理论中“生产率高的企业出口，而生产率低的企业内销”这一命题，因为这个命题并非该理论的核心内容，只是国内学者相对用得较多而已。研究“悖论”的意义主要是从异质性企业贸易理论出发，通过增加约束条件（李春顶，2015）或者修改假设来解释这一现象，进而对中国企业出口贸易状况具备更好的理解。

## 六、结论

在异质性企业贸易理论相关文献中界定生产率异质性的内涵，对比Melitz（2003）与Melitz和Ottaviano（2008）两种异质性企业贸易模型分析框架在固定经营成本设定上的异同，初步了解这些理论与命题如何与中国企业“出口—生产率悖论”相联系。接着，利用Melitz（2003）模型框架，凝练出七条可以得到“生产率高的企业出口，生产率低的企业内销”的假定。要想解释悖论的存在原因，只有通过修改这些假定而使该命题无法成立才行。

通过重新审视这七条假定并尝试进行修改，观察它们如何服务于悖论的解释工作，这基本囊括了已有对“悖论”的各种解释。通过理论裂变发现，尽管重新修改某条或者某几条假定，在特定的情境下的确可以对中国企业“出口—生产率悖论”现象提供较好的解释，不过目前还难以找到令人信服的推导出悖论存在的充分条件，除非设定极为苛刻的研究假设。现阶段，中国出现的“出口企业生产率均值低于内销企业”的经验论据，如果将其上升到理论研究中，只能赋予其相对于异质性企业贸易理论的概念——“出口—生产率悖论”。如果在理论分析中得到悖论存在的充分条件，并且所需假定相对Melitz（2003）更符合实际，那么这一经验事实就不应被命名为“出口—生产率悖论”，而是连同理论研究一起成为与异质性企业贸易理论相平行的国际贸易“新”理论。

根据《中国工业企业数据库》的特点，利用工业总产值、资产总计与支付工资总额计算一种新的生产率。这种生产率计算方法非常简便也具有意义，将其命名为“投入成本生产率”。利用该生产率重新检验中国企业“出口—生产率悖论”存在性，得到了非常强烈的支持“悖论”存在的证据。2006年与2007年的30个行业中，有29个行业存在“悖论”，成为当前支持中国企业存在“出口—生产率悖论”的最强证据。

当把中国企业“出口—生产率悖论”作为一种既定的经济现实时，如何对待异质性企业贸易理论成为亟待回答的问题。“生产率高的企业出口而生产率低的企业内销”只是异质性企业贸易模型逻辑推理的中间命题，并不是该模型的核心结论。对于该命题，即使没有出现中国企业“出口—生产率悖论”现象，它也是片面的。在所有经济体中，包括那些异质性企业贸易理论所依赖的经验证据的经济体，出口企业生产率与内销企业生产率的区间不可能完全分割开来，肯定存在相互包含的情形。从这一层面来看，中国企业的“出口—生产率悖论”现象也就不存在所谓能否颠覆或者否定异质性企业贸易理论的意义。异质性企业贸易模型的核心命题是有关出口贸易对企业生产的动态再分配效应，中国企业“出口—生产率悖论”现象对其影响不太显著。同时，目前还没有推导出令人满意的有关悖论存在的充分条件。综上来看，中国企业“出口—生产率悖论”现象的主要意义在于从原始理论出发，通过模型重建来解释这一现象，进而更好地理解中国企业生产率特点与出口状况的关系，这为研究中国制造业企业的发展路径提供了较为坚实的理论基础。

（本章主要内容曾发表于《管理世界》2017 年第 2 期）

# 第二章

# 中国制造业企业生存空间的影响因素

在市场竞争越来越激烈的年代，中国制造业企业所面临的挑战越来越大。为了寻求合适的制造业发展路径，企业的生存空间越大越好。出口贸易所带来的市场规模扩大、技术进步或管理改革所带来的生产率提升是企业必须投入精力去考究的议题，那么生产率与市场规模究竟如何影响企业生存空间呢？本章从理论上详细阐述这一问题。

# 一、研究背景

生产率对经济发展起到了不容置疑的作用，对微观企业的经营发展也不例外。Melitz（2003）构建了考虑企业生产率差异的一般均衡模型，研究认为生产率决定了企业生产、盈利乃至出口决策等。在企业层面谈论“规模”，一般都会持乐观主义态度。比如，Schumpeter（1942）认为企业规模扩大能够激励企业从事创新。Schmookler（1954）认为市场规模扩大对企业创新收益具有正向影响。企业热衷于开拓市场，比如 Krugman（1991）构建的经济地理模型认为制造业企业愿意在有更高市场需求的区域投资建厂。市场边界变化直接影响市场规模的大小，在经济全球化浪潮推动下，某国市场边界中引入国际贸易，则市场规模会变大。

对于经济总体生产率提高或者市场规模逐渐扩大，一般都会认为企业获得更多发展机遇。经济总体生产率提高可以惠及所有企业，企业生产率跟着提高，这让企业看似具备了更高的竞争优势。然而，企业能否确立竞争优势并非取决于生产率绝对值，而是决定于生产率相对值。总体生产率提高不仅没有提高生产率相对值，反而加剧了企业之间的竞争。此外，直观经验认为企业会在市场规模扩大过程中获得更多利益，因为市场规模扩大意味着经济“蛋糕”变得更大。微观经济理论对企业生产与商品市场分配形成了完备的理论模型，随着市场规模扩大，如果企业数目保持不变，那么企业产品所面临的市场需求就会增加，从而销售更多产品，获得更高利润。该理论成立的关键条件是“企业数目保持不变”。现实中，市场规模扩大不仅扩大企业产品面临的市场需求，也会增加企业的数量。企业数量增加会加剧企业在商品市场及资源市场上的竞争。从而市场规模并非对企业盈利具有恒定的正向影响。

总之，总体生产率提高与市场规模扩大会加剧企业之间的竞争，导致部分企业濒临“死亡”。这里的“部分”企业指哪些企业呢？解开这个谜底会为企业提供在总体生产率提高或市场规模扩大情形下的生存之道。

## 二、理论基础评议

Melitz 和 Ottaviano（2008）构建了研究市场规模、贸易与生产率的前沿模型。效用函数 $U=x_0+\alpha\int_{i\in\Omega}x_i di-\frac{1}{2}\gamma\int_{i\in\Omega}(x_i)^2 di-\frac{1}{2}\eta\left(\int_{i\in\Omega}x_i di\right)^2$，其中 $\alpha$、$\gamma$ 及 $\eta$ 是大于 0 的参数。商品总量 $X=\int_{i\in\Omega}x_i di$，商品 $i$ 的价格为 $p_i$，从而 $p_i=\partial U/\partial x_i \Rightarrow p_i=\alpha-\gamma x_i-\eta X$。商品数为 $N$，均价 $\bar{p}=\frac{1}{N}\int_{i\in\Omega}p_i di=\frac{1}{N}(\alpha N-\gamma X-\eta NX)=\alpha-\left(\frac{\gamma}{N}+\eta\right)X$，从而 $X=\frac{\alpha N}{\gamma+\eta N}-\frac{N\bar{p}}{\gamma+\eta N}$，得到 $x_i=\frac{\alpha}{\gamma+\eta N}-\frac{p_i}{\gamma}+\frac{\eta N}{\gamma+\eta N}\frac{\bar{p}}{\gamma}$。经济体劳动者共计 $L$，商品 $i$ 的总需求 $q_i=Lx_i=\frac{\alpha L}{\gamma+\eta N}-\frac{L}{\gamma}p_i+\frac{\eta N}{\gamma+\eta N}\frac{L}{\gamma}\bar{p}$。商品 $i$ 具有线性需求函数，在 $q=0$ 处的价格是商品 $i$ 的最高价格，为 $p_{\max}=\frac{\gamma\alpha}{\gamma+\eta N}+\frac{\eta N}{\gamma+\eta N}\bar{p}$。

Melitz 和 Ottaviano（2008）设定边际成本为 $c$，不存在固定经营成本。边际成本为 $c$ 时企业利润为 $\pi=[p(c)-c]q(c)$。利润最大化产量 $\partial\pi/\partial q=0\Rightarrow p-c+q\cdot(\partial p/\partial q)=0$。根据需求，有 $q(c)=\frac{L}{\gamma}[p(c)-c]$。边际成本为 $c_d$ 的企业在生产与不生产之间无差异，该企业产量为 $q(c_d)=0$，因此 $p(c_d)=c_d$。此外，当且仅当价格为 $p_{\max}$ 时，企业才会在生产与不生产之间无差异，所以

$p(c_d)=p_{\max}$。此时，价格弹性 $\sigma\to\infty$，加成率 $\frac{1}{1-1/\sigma}\to 1$。总而言之，$c_d=p(c_d)=p_{\max}$。

只要企业投入生产，价格一定满足 $p<p_{\max}$。价格弹性 $\sigma$ 为：

$$\sigma=\left|\frac{\partial q}{\partial p}\cdot\frac{p}{q}\right|=\frac{1}{\gamma}\cdot\left[p\Big/\left(\frac{\alpha}{\gamma+\eta N}-\frac{p}{\gamma}+\frac{\eta N}{\gamma+\eta N}\cdot\frac{\bar{p}}{\gamma}\right)\right]$$

$$=\frac{p}{\frac{\alpha\gamma}{\gamma+\eta N}+\frac{\eta N}{\gamma+\eta N}\bar{p}-p}=\frac{p}{p_{\max}-p}=\frac{p}{c_d-p}$$

价格为 $p(c)=c\cdot\frac{1}{1-1/\sigma}=c\cdot\frac{p(c)}{2p(c)-c_d}$，化简得到 $p(c)=\frac{1}{2}(c_d+c)$。代入 $q(c)$，得到 $q(c)=\frac{L}{2\gamma}(c_d-c)$。企业利润 $\pi(c)=\frac{L}{4\gamma}(c_d-c)^2$。

企业边际成本 $c$ 密度函数为 $g(c)$，因而预期利润为 $\int_0^{c_d}\pi(c)g(c)dc$。企业投入生产支付固定沉没进入成本 $f_e$。自由进入条件下，当 $\int_0^{c_d}\pi(c)g(c)dc=f_e$ 时，企业进入或者退出才会终止。对于分布函数 $G(c)$，假定 $G(c)=\left(\frac{c}{c_M}\right)^k$，$c\in[0,c_M]$，其中 $k>1$。由自由进入条件得到 $c_d=L^{-\frac{1}{k+2}}\cdot[2(k+1)(k+2)\gamma(c_M)^k f_e]^{\frac{1}{k+2}}$（Melitz and Ottaviano，2008）。因此 $\frac{\partial c_d}{\partial L}<0$，表示市场规模变大，企业投入生产的边际成本门槛值会降低，即实现盈利的生产率门槛值会提高，这表明企业生存空间在生产率方面呈现萎缩形态。

为了便于分析，不妨认为市场规模由原来的 $L_1$ 增加到 $L_2$，导致企业边际成本门槛值从 $c_d^1$ 下降到 $c_d^2$。因此，边际成本（生产率）处于（$c_d^2$，$c_d^1$］的企业会随着市场规模扩大而"死亡"，死亡数为 $N[G(c_d^1)-G(c_d^2)]$。市场规模扩大提高了企业盈利的生产率门槛值，生产率高于新门槛值的企业依然可以实现盈利。因此，市场规模变化是影响企业生存空间的因素之一。

市场规模变化如何导致企业动态退出又决定于企业生产率。通过 $\pi(c)=\frac{L}{4\gamma}(c_d-c)^2$ 发现，市场规模扩大可以提高部分企业的利润，此处的数学证明极为烦琐并依赖于边际成本的分布特征。根据 Melitz 和 Trefler（2012）的介绍，总结如下：当 $L_1$ 增加到 $L_2$，只有边际成本为（0，$c_d^2$］的企业会继续生产。另外，$\exists \hat{c} \in (0, c_d^2)$，边际成本处于（0，$\hat{c}$）的企业，市场规模扩大导致利润增加，边际成本处于（$\hat{c}$，$c_d^2$）的企业，市场规模扩大导致利润下降。边际成本与企业生产率是同一概念的两个方面，因而生产率高低是影响企业生存空间的另一因素。

## 三、机理分析

### 1. 生产率与企业生存空间

增长理论阐述了生产率是一个国家或地区实现增长的持久动力。任何经济体实现考虑环境、资源等因素在内的可持续发展，也无法忽视增长。例如，很多贫困国家民众的生活依然非常困难，甚至连最基本的生活必需品都无法满足，此时经济增长是解决民众基本生活问题如“吃饭”的关键措施。经济增长理论探索增长的源泉，发现了生产率的作用。在新古典经济增长理论中，由于要素边际报酬递减规律，人均收入的持续增长无法长期依赖于资本积累，更不能寄希望于劳动力扩张，而只能靠生产率的逐渐提高。Tang 等（2014）从企业生产率视角阐述了资源优化配置与污染排放控制的环境政策，认为对污染征税并补贴生产率高的企业能在维持总产量情况下降低资源使用量与污染排放量，生产率起到政策指示器作用。

在经济增长理论的分析框架中，可以将生产率分解为效率与技术两部分。如果经济体能够释放效率，生产率会不断提高。当生产关系无法满足生产力发展时，势必需要变革生产关系。变革生产关系需要温和的改良措施，甚至需要爆发激进的暴力革命运动才能实现。利用西方经济学分析问题的话，释放效率就是解放生产力的重要举措之一。经济体采取多种措施来提高效率，比如实行经济体制改革或者加强政府管理职能等。经济体释放效率促进生产要素流向那些带来更大贡献的领域，使生产要素获得更高收益。

如同效率，经济体技术进步也能提高生产率。技术进步根源于新生产工艺的开发，也受益于科学知识的逐渐积累。第一次工业革命源自生产一线工匠们的经验积累，从第二次工业革命开始，技术进步带有更多的科学成分。科学知识是勤奋的科研人员从事学术研究的积累，通过有关措施转化为生产技术。经济体从事积累科学知识与激发技术进步的经济活动被称为研发。当今绝大多数国家与地区都极为重视研发，比如直接对学术研究人员提供基金资助，以及为技术转化创建成本高昂的实验室等。

经济体热衷于释放效率与激发技术进步，推动生产率逐渐提高。因此得到命题1：

**命题1**：效率与技术共同决定生产率，大多数经济体都在努力释放效率与激发技术进步，导致生产率逐渐提高成为不可阻挡之潮流。

既然生产率逐渐提高是多数经济体不可阻挡之潮流，那么对微观企业会有何影响呢？乍看会认为所有企业都将受益，然而这是片面的。汤二子等（2013）简要讨论了经济体技术进步如何影响企业盈利性，认为随着经济体生产技术的逐渐提高，比如经济体实行诸如各种措施使所有企业生产技术获得相同幅度提高，在位企业利润会被技术进步所侵蚀，即“技术侵蚀利润”的概念。企业要想避免技术侵蚀利润，只有重视企业自身技术进步。技术进步对经济体有益，但是部分企业特别是在位企业的利润会受损。

为了阐述生产率如何决定企业生存空间，首先要对生产率进行划分。经济体自身存在一个生产率，可以命名为总体生产率，个体微观企业存在一个相对生产率。Ghironi 和 Melitz（2005）构建随机一般均衡模型时，假定经济总体生产率水平为 $Z$，企业生产率相对值为 $z$，从而个体企业的生产率就是 $zZ$。企业之间生产率相对值的差异性意味着企业生产率的异质性。企业生产与经营是为了在约束条件下追求最大化利润，生产率大小决定着边际成本的高低。根据 Melitz 和 Ottaviano（2008）模型，企业要想实现盈利，边际成本一定要低于某个门槛值，亦即生产率一定要高于某个门槛值。生产率过低无法确保企业盈利，甚至会亏损，最终被逐出市场。因此，生产率通过影响盈利性而制约着企业的生存空间。生产率越高，越有机会实现盈利，从而企业获得生存的概率也就越高。总结得到命题2：

**命题2**：生产率影响盈利能力进而决定着企业的生存空间。如果生产率低于实现盈利的门槛值，该企业会走向“死亡”。

命题2让人思考一个问题：生产率低的企业走向“死亡”，生产率高的企业求得“生存”，那么生产率高的企业是否就高枕无忧了呢？答案是否定的。根据命题1，经济体生产率提高是不可阻挡之潮流。假定总体生产率按固定比率逐渐提高，所有企业生产率随之提高。当企业只关注生产率绝对值时，总体生产率提高容易造成企业变得更强的假象。其实，企业是否变强是一个相对概念，取决于企业之间生产率的比值，所以总体生产率提高并没有使企业变强。总体生产率提高使个体企业生产率绝对值提高，即使企业没有变得更强，也增加了生产要素的使用量，加剧要素市场上的竞争。在资源供给无弹性或者短期变化较小时，部分企业由于缺乏资源而退出市场，走向“死亡”。因此，这些企业并不是总体生产率提高的受益者，而是牺牲者。

随着总体生产率的提高，相对生产率较低的企业先被逐出市场，相对生产率较高的企业反而获得更高利润。不过，这种受益并非永久，只要企业自身相对生产率保持不变，随着总体生产率的提高及其他企业的逐渐“死亡”，原本具有生产率相对优势地位的企业逐渐成为生产率上的劣势者，导致利润随着总体生产率提高不升反降，最终被逐出市场，走向“死亡”。理论上，如果所有企业自身相对生产率都维持不变，在总体生产率逐渐提高的过程中，生产资源最终会集中于相对生产率最高的那个企业。总结得到命题 3：

**命题 3**：对于盈利企业，随着总体生产率的逐渐提高，要素市场上的竞争会逐渐增强，导致相对生产率较低的企业退出市场，相对生产率较高企业获得更高利润。不过，只要相对生产率保持不变，基本上都会走向“死亡”，只是时间长短而已。

总体生产率提高先逐出相对生产率较低的企业，接着逐出相对生产率较高的企业，所以总体生产率提高是导致企业走向“死亡”的一大“病因”，这让人瞠目结舌。对经济整体而言，总体生产率提高是有利的，如命题 1 看出政策制定者总在尝试提高总体生产率。任何企业不要寄希望于阻碍总体生产率的提高，如此行事既无法实现目的，甚至还会触犯法律。企业只要合理应对，总体生产率提高也会成为企业发展的重要机遇，当且仅当企业能够维持相对生产率的优势地位。只要企业能够提高自身相对生产率，不仅能避免“死亡”，反而会获得更高利润，因为总体生产率逐渐提高淘汰了那些相对生产率较低的竞争者。同样，汤二子等（2013）提出，企业要想避免“技术侵蚀利润”，必须重视自身的技术开发。在论述技术进步的短期局部均衡时，存在企业对总体生产技术进步的误判现象。企业将经济体的技术进步误认为自身获得更高技术而忽视其他企业行为，导致相对生产技术没有变化的企业盲目生产，出现资源分配的低效率。与之不同，如果讨论总体生产率提高的长期一般均衡，企业不存在误判，所以资源配置将更有效率。对于企业生存空间的短期与长期效应，企业对总体生产率提高的短期误判导致盲目生产，激发新企业进入市场，带来企业的“生”；企业对总体生产率提高具有长期的理性判断，会感到生产资源约束的压力越来越大，最终被逐出市场，导致企业的“死”。简言之，只有具备战略眼光的理性企业才能认识到总体生产率提高所带来的生存空间萎缩危机。总结得到命题 4：

**命题 4**：总体生产率逐渐提高将个体企业推向“死亡”深渊。任何企业都无法逃避总体生产率提高所带来的生存空间萎缩厄运，除非强化自身相对生产率的优势地位。如果企业能够维持相对生产率的优势地位，又会受益于总体生产率提高，成为竞争中的“赢家”。

### 2. 市场规模与企业生存空间

市场规模的影响因素有多种，如消费者总数、消费者收入及消费者偏好等。市场边界的确定直接影响市场规模大小，市场边界包括地理区域边界与产品领域边界，甚至包括文化领域边界。随着交通运输的不断发展及信息交流的快速便捷，地理疆域对经济往来的限制逐渐下降。在经济全球化的迅猛冲击下，具有政治边界的国家间的经济边界正在衰退，国际贸易的快速增长及跨国公司的繁荣壮大就是一大例证。20 世纪及 21 世纪起初十几年的经济增长是当今世界获得的最大福利，增长带动人均收入的逐渐提高，从而增大了大多数商品的市场需求规模。总体而言，多数商品市场规模处于不断扩大的趋势中。总结得到命题 5：

**命题 5**：随着实体经济间的不断融合及人均收入的逐渐增加，多数商品的市场规模正在扩大。

投资建厂前的企业可以通过选址来选择市场规模，比如企业可以在经济发达或者进出口贸易强劲的地区投资建厂，也可以在偏远的地区建厂，所以选址建厂会影响产品市场规模的大小。企业一旦做出建厂决策后，只能被动接受市场规模的变化。在垄断竞争假定下，企业自身无法影响市场规模。即使企业管理层具有开拓国际市场的进取精神，也只能影响企业自身产品所面临的市场需求而无法改变市场规模。

市场规模逐渐扩大会影响市场中的多数企业。市场规模扩大使企业产品所面临的需求增加，却由于企业数目增加而加剧商品市场的竞争。生产率决定了企业盈利能力。市场规模逐渐扩大对相对生产率保持不变的企业盈利的影响分为三个阶段：第一阶段，当相对生产率能够应付市场规模扩大所加剧的竞争时，该企业获得的利润逐渐增加；第二阶段，当相对生产率难以应付市场规模扩大所加剧的竞争时，该企业获得的利润逐渐降低；第三阶段，当相对生产率无法实现盈利时，该企业由于市场规模扩大而退出市场，走向“死亡”。总结得到命题6：

**命题6**：如果企业相对生产率维持不变，随着市场规模逐渐扩大，企业利润先增加后降低，直至亏损而退出市场。

根据命题3与命题6，总体生产率提高与市场规模扩大对企业生存空间具有类似影响，只要相对生产率维持不变，无论总体生产率提高还是市场规模扩大，企业都会走向“死亡”。不过，影响机制是不同的。总体生产率提高是加剧了要素市场竞争进而逐出企业，市场规模扩大是加剧了商品市场竞争进而逐出企业。

企业会在市场规模扩大的初始阶段获得更高利润，所以很难认识到市场规模扩大而造成的生存空间缩小。哪些企业在市场规模扩大过程中最先“死亡”呢？依然是相对生产率较低的企业。如果不考虑总体生产率的变化，意味着生产率较低的企业最先随着市场规模扩大而退出市场。Melitz 和 Trefler（2012）指出，市场规模扩大加剧产量较低企业间的竞争，提高产量较高企业的产品需求。随着市场规模扩大，原产量较高的企业提高产量并获得更多利润，原产量较低的企业降低产量并损失利润。异质企业模型指出，生产率是决定企业产量的唯一因素，生产率高的企业产量高。如此看来，随着市场规模逐渐扩大，生产率较低的企业最先遭受利润损失，生产率较高的企业反而获得更高利润，只不过这种利润并非永久。只要相对生产率保持不变，企业最终会随市场规模扩大而走向“死亡”。总结得到命题7：

**命题7**：随着市场规模逐渐扩大，生产率较低的企业最先退出市场，生产率较高企业的盈利增加，只不过这种盈利繁荣是暂时的。

市场规模扩大使相对生产率较低的企业走向“死亡”，生产逐渐集中于相对生产率较高的企业，使资源配置更具效率。因此，致力于资源优化配置的政策制定者非常乐意实现市场规模扩大，通过各种途径使市场规模不断扩大。企业不能影响市场规模，更无法阻止市场规模的扩大。企业投资建厂后只能接受市场规模的变化，因此需要重视市场规模扩大所带来的生存空间萎缩威胁。企业为了求得“生存”，唯一“良药”就是提高自身相对生产率，维持相对优势地位。只要企业可以维持相对优势地位，就能获得更高利润，使市场规模扩大成为企业发展的机遇。总结得到命题 8：

**命题 8：**企业要想在市场规模逐渐扩大的过程中避免走向“死亡”，务必提高自身相对生产率，维持相对优势地位。

企业为了避免总体生产率提高与市场规模扩大而导致的生存空间萎缩，一剂“药方”就是提高自身相对生产率。只要企业维持相对生产率的优势地位，总体生产率提高及市场规模扩大又会延伸企业生存空间，因为企业能够获得更高利润。总之，如果企业用好相对生产率这把“利剑”，就能打破总体生产率提高与市场规模扩大所造成的生存空间萎缩诅咒，获得发展机遇，成为竞争中的赢家。

## 四、改革开放经验启示

中华人民共和国成立以来，经历了从中央计划经济体制向社会主义市场经济体制的转变。在 1956 年社会主义改造基本完成以后，鉴于当时形势，实行中央指令性质的计划经济体制能短期内集中资源进行社会主义经济建设。不过，随着国民经济发展，计划经济体制逐渐不能满足中国经济建设的发展要求。在新的历史条件下，中共中央开始思考如何建设中国的问题并迈出重要一步——实行改革开放。改革释放效率促进总体生产率提高，开放通过加强与世界市场的交流而扩大市场规模，从而中国企业在改革开放过程中的动态进入与退出能够较好地理解机理分析中所提出的命题。

### 1. 中国改革与企业生存空间

随着计划经济体制逐渐暴露出多种弊端而无法满足经济发展要求，中国领导人高瞻远瞩地实行改革，特别在经济领域内提出建立社会主义市场经济体制，要让市场在资源配置中起决定性作用。中国经济领域的改革大大解放了生产力，释放了巨大的经济效率。不过，在这个欣欣向荣、满是春风的经济发展过程中，不时听到诸多与繁荣相反的经济报道，比如某大型企业倒闭或者几万工人下岗等。传统理念中，随着经济“蛋糕”逐渐变大，经济个体应该都会得到更多实惠。在市场经济体制下，经济发展在塑造赢家的同时也会造成输家，因为市场存在竞争。当然，正是这种竞争使资源配置更有效率。根据机理分析，中国实行经济改革，解放了生产力，经济效率获得提高，从而推动总体生产率逐渐提高，使企业在生产资源上展开愈发激烈的争夺。最后使相对生产率较低的中国企业退出市场，走向“死亡”，这是经常出现的企业倒闭、工人下岗等社会现象的根源。由于多种历史遗留问题，国有企业在生产经营管理方面存在诸多弊病，生产效率极其低下。当市场在资源配置中起决定性作用时，国有企业在资源分配中的制度保护优势逐渐弱化，使生产效率低下问题显得尤为突出，最终在改革推动总体生产率提高过程中走向“死亡”。国有企业在中国改革过程中受到日益加剧的生存空间萎缩威胁，所以采取一系列措施以求“生存”，其中最主要措施就是提高国有企业自身相对生产率。当然，无论国有企业还是民营企业、本土企业还是外资企业，只要在总体生产率提高过程中不重视自身相对生产率，一定会走向“死亡”。

同时，中国实行改革释放效率过程中也在努力促进技术进步。中国近些年都在网络上公布《全国科技经费投入统计公报》，我国近年研发经费占 GDP 比例基本都在一个百分点以上。2018 年 10 月 9 日，由国家统计局、科学技术部及财政部联合公布的《2017 年全国科技经费投入统计公报》① 显示，我国 2017 年的研发经费占当年 GDP 比例超过两个百分点，达到 2.13%，共有 17606.1 亿元。研发能直接推动技术进步，也能积累科学知识进而转化为技术进步。另外，随着中国学术研究与国际不断接轨，本土科研人员可以学习国外先进科学知识，结合我国实际情况转化为经济社会所需要的生产技术。简言之，随着中国政府创新投入的不断增加及科研人员学术研究的不懈努力，我国科学技术得到长足发展。科技发展带动生产变革，比如引进新的生产设备、组建新式的生产车间或者采用新的生产资源等。企业生产技术受其影响，并且这种影响是深刻的、全方位的。根据生产率与技术的关系，这意味着总体生产率随着技术进步不断提高，也会导致相对生产率保持不变的企业感到生存空间逐渐萎缩。企业要想避免“死亡”，只能寄托于提高自身相对生产率。

综上所述，中国实行改革释放效率，重视研发促进技术进步，带来总体生产率的不断提高。相对生产率较低的企业在这一过程中受到越来越大

---

① 参见：http：//www.stats.gov.cn/tjsj/zxfb/201810/t20181009_1626716.html。

的“死亡”威胁，甚至已经退出市场，如众多国有企业倒闭等。企业要想避免生存空间萎缩，只有保持相对生产率的优势地位，比如通过优化经营管理来提高效率或者通过研发来加强核心技术优势。如果企业能够保持该生产优势，不仅能够避免“死亡”，反而可以获得更高收益，如进入中国的外资企业具有较高的相对生产率优势，从而在中国改革过程中获得可观的经营利润。因此，中国改革的相关经验很好地解释了总体生产率提高如何影响企业生存空间的命题。

### 2. 中国开放与企业生存空间

中国历史留给人们的一个惨痛教训是闭关锁国终将落后，最后必挨打。当中国社会精英把精力由革命转向经济建设时，加强了与国外经济的交往，使本土企业产品的市场规模逐渐扩大。另外，随着中国基础设施建设的逐渐发展与信息交流的不断完善，国内区域间的经济交往越发增强，也会扩大产品的市场规模。随着产品市场规模的逐渐扩大，本土企业若对自身相对生产率无动于衷的话，最终会走向“死亡”。

在中国开放进程中，政府鼓励企业出口意味着市场规模逐步扩大。异质企业理论认为，生产率高的企业出口而生产率低的企业只面向国内市场。出口企业中生产率相对较高的企业会获得更高利润，它们的境况要好于自给自足时的情形（Melitz，2003）。企业生产率较高的话，既能在国内市场获得相对较高的利润，也会在出口市场实现盈利。参与出口加强盈利能力使企业延长寿命，如逯宇铎等（2013）认为，出口对企业生存具有“强心剂”效应。不过，如果企业保持自身相对生产率长期不变，必然因为出口的不断深化而走向“死亡”，因为市场规模随着出口贸易在不断扩大。出口对企业生存的确是一针“强心剂”，可是这支“强心剂”的“药效”也许并不长久，除非企业提高自身相对生产率来延长“药效”。

鼓励出口导致市场规模扩大，使在生产率上不思进取的企业会走向“死亡”，这可以帮助理解我国沿海地区中小企业倒闭率较高的原因。中国沿海地区开放度高，出口运输成本低廉，让众多企业通过出口赚取更多利润。不过，如果企业忽视自身相对生产率，最终会因市场规模扩大而退出市场。企业在中国沿海地区具备更多的盈利机会，也要承受由市场规模扩大所造成的更激烈的生存空间危机。在开放带来市场规模扩大的过程中，中国企业提高自身相对生产率既能避免“死亡”，更会获得较多的发展机遇，因为始终能够获得更高利润。这又反向解释了中国沿海地区企业倒闭率较高却依然有众多企业去投资建厂的原因。

综上所述，中国实行对外开放战略使市场规模逐渐扩大，本土企业的利润一般会先增加。不过，如果企业在自身相对生产率上裹足不前，则最终会退出市场，走向“死亡”。因此，中国开放的相关经验解释了市场规模扩大如何影响企业生存空间的命题。

# 五、结论

根据前沿模型所提供的理论基础，详尽进行机理分析来阐述总体生产率提高与市场规模扩大如何影响企业生存空间。多数经济体认识到生产率的重要性并努力促进生产率提高，如政府实施的释放效率或者促进技术进步等公共政策等。因此，总体生产率处于不断提高的趋势中，这会加剧企业在要素市场上的竞争，迫使相对生产率较低的企业退出市场。对于相对生产率较高的企业，尽管在总体生产率提高过程中先得到更高利润，不过只要其忽视自身相对生产率，最终也会退出市场，只是时间稍晚而已。总之，总体生产率逐渐提高是导致企业生存空间萎缩的一大因素。企业避免“死亡”的唯一办法是提高自身相对生产率，维持生产率优势。商品的市场规模随着经济融合与发展而处于逐渐扩大的趋势中。如果企业自身相对生产率维持不变，随着市场规模扩大，它先获得更高利润。当市场规模扩大带来的竞争超过企业能够承受的范围以后，它的利润会受损，直至亏损而退出市场。因此，市场规模扩大是导致企业生存空间萎缩的另一因素。在这一过程中，企业求得生存的唯一办法也是提高自身相对生产率。总体生产率提高与市场规模扩大影响企业生存空间的命题让人惊奇。传统观念认为这两种因素会让企业变得更加“强壮”。总体生产率提高与市场规模扩大并非朝夕就能导致企业生存空间萎缩，而是一个日积月累的长期过程。特别地，企业一般会在总体生产率提高与市场规模扩大的初始阶段受益，容易让人忽视企业生存空间萎缩危机。

中国经济体制改革释放效率，科技创新上的投入促使技术进步，从而提高了我国总体生产率。在这一过程中，我国企业出现较大范围的倒闭，尤其是效率低下的国有企业。多数企业得益于改革而使生产率得到提高，不过相对生产率是否存在优势取决于企业自身在生产率方面的贡献而非改革带来的总体生产率的提高。企业间相对生产率决定了竞争的优劣，无法在自身相对生产率上取得突破的企业在总体生产率提高过程中，面临越来越大的竞争压力，使其经营出现困难，最终退出市场。企业随着改革的不断深入，逐渐重视自身相对生产率，例如国有企业在经营管理方面的改进而释放巨大经济效率，最终优化了产业结构，保持蓬勃发展。中国经济随着对外开放特别是加入 WTO 后不断融入世界经济，使中国本土产品的市场规模逐渐变大，导致没有相对生产率优势的企业受损，而具备优势的企业却取得长足发展。比如中国沿海地区逐渐繁荣的国际贸易让市场规模逐渐扩大，既吸引众多企业投资建厂，也导致相当数量的企业倒闭。中国沿海地区的企业面临生存空间萎缩的巨大威胁，只有时刻提高自身相对生产率才能确保不因市场规模扩大而退出市场。总之，中国改革所积累的经验能够较好地启发总体生产率提高如何导致企业生存空间萎缩命题，中国开放所积累的经验可以较好地解释市场规模扩大如何导致企业生存空间萎缩的命题。

总之，总体生产率提高与市场规模扩大是企业走向“死亡”的两大“病因”，能够治疗这两种“病”的“药方”却是相同的，那就是提高自身相对生产率。通过技术创新或者管理改革以提高生产率是中国制造业企业稳步向前发展的重要保障。

（本章主要内容曾发表于《财经科学》2016 年第 7 期）

# 第三章

# 中国制造业企业研发与出口关系的理论研究

鉴于出口贸易与致力于提升生产率的技术创新或管理改革是中国制造业企业稳步发展的主要决定因素，本书第一章从理论上所探讨的出口与生产率之间的逻辑关系部分解决了中国企业“出口—生产率悖论”问题所可能带来的理论与实践疑惑。当把研究视角只集中于技术创新与出口贸易时，致力于技术创新的研发活动（R&D）与出口贸易之间的关系究竟是怎样的呢？本章从理论上详细探讨两种 R&D 活动与企业出口之间的逻辑关系。

## 一、研究背景

R&D 是推动经济增长的持久内在动力，从而受到各个经济体的关注。学术界也投入极大努力来研究 R&D，不仅在 R&D 的理论研究方面颇有建树，也为政策制定者提供了宝贵建议。当今世界，被说成是一个“逐渐缩小的世界”并不为过，因为经济全球化的迅猛发展拉近了人与人之间的距离。中国消费者不必太费周折就能获得美国产品，同样日本人也能非常容易地与欧洲人进行即时通信。商品与服务的国际贸易使世界各国既相互竞争，又密不可分。企业出口是国际贸易的主要角色，从而研究人员对企业出口行为给予了足够的关注。从 Krugman（1979，1980）的规模经济条件下同质性企业假定为始，国际贸易理论就进入了研究企业出口行为决定机制与福利效应的领域。最近，从企业异质性视角研究出口行为则是更为前沿的领域（Baldwin，2005）。

尽管研究人员分别在 R&D 与企业出口方面取得了可观的学术成果，却鲜有研究关注两者的内在联系。Aw 等（2008）构建了考虑企业 R&D 的出口参与模型，进而揭示了企业 R&D 如何影响企业出口的问题。不过，他们没有详细地阐述 R&D 与企业出口的内在理论联系。换句话说，本章所做研究有几点与 Aw 等（2008）不同，而这些不同点将更为翔实地对 R&D 与企业出口的关系进行理论研究。这些不同点包括：①将 R&D 细分为公共 R&D 与企业 R&D，分别研究这两类 R&D 如何影响企业出口；②理论分析框架及相关假设与 Aw 等（2008）不同；③分别研究公共 R&D 对企业出口的影响、企业 R&D 对企业出口的影响、企业出口对公共 R&D 的反馈、企业出口对企业 R&D 的反馈。关于 R&D 与企业出口，Highfill 和 McAsey（2013）构建了动态 R&D 博弈模型，不过认为经济体应该关注进口对社会福利的正向影响。另外，王智新（2014）详细探析了创新、生产率与企业国际市场进入模式的选择问题。所做研究与该文议题较为接近，不过与探讨 Aw 等（2008）类似，具体内容与研究视角同样存在较大差异。戴觅和余淼杰（2011）检验了企业出口前的 R&D 如何影响企业出口促进生产率的效应，其他文献也试图讨论 R&D 与企业出口的关系（康志勇，2013）。不过，已有文献一般都没有集中精力进行深入的理论探讨。

接下来，首先提出来自于异质性企业贸易模型的基本分析框架，之后分别提出四个模型来理论研究公共 R&D 对企业出口的影响、企业出口对公共 R&D 的反馈、企业 R&D 对企业出口的影响，以及企业出口对企业 R&D 的反馈。

## 二、分析框架

先构建研究企业出口问题的基本分析框架，接着理论研究 R&D 与企业出口的相互联系。以异质性企业贸易模型为基本分析框架，本章参考的主要文献为 Melitz（2003）与 Ghironi 和 Melitz（2005）。

市场需求方面，代表性消费者效用函数为 $U=U(C)$，其中 $C$ 是代表性消费者的商品篮子数量。根据效用函数特点，有 $U'(C)>0$ 和 $U''(C)<0$ 成立。在商品篮子中，每种商品 $\omega$ 的替代弹性是相等的，即商品组合满足不变替代弹性 C. E. S. 形式，即 $C=\left[\int_{\omega\in\Omega}c(\omega)^{(\theta-1)/\theta}d\omega\right]^{\theta/(\theta-1)}$，其中 $c(\omega)$ 是商品篮子中商品 $\omega$ 的消费数量，参数 $\theta>1$ 代表任意两种商品间的固定替代弹性。假定商品 $\omega$ 的价格为 $p(\omega)$，商品篮子的总体价格水平为 $P=$

$\left[\int_{\omega\in\Omega} p(\omega)^{1-\theta} d\omega\right]^{1/(1-\theta)}$。货币的边际效用单位化①，根据效用函数与商品篮子价格水平，得到 $dU/dC=P$。对于商品 $\omega$，有 $\partial U/\partial c(\omega)=p(\omega)$ 成立。根据微分的链式法则，得到 $\frac{\partial U}{\partial c(\omega)}=\frac{dU}{dC}\cdot\frac{\partial C}{\partial c(\omega)}=P\cdot\frac{\partial C}{\partial c(\omega)}=p(\omega)$，从而有 $\partial C/\partial c(\omega)=p(\omega)/P$。根据 $C=\left[\int_{\omega\in\Omega} c(\omega)^{(\theta-1)/\theta} d\omega\right]^{\theta/(\theta-1)}$，得到 $\partial C/\partial c(\omega)=[c(\omega)/C]^{-\frac{1}{\theta}}$。综合起来，商品 $\omega$ 的需求为 $c(\omega)=C[p(\omega)/P]^{-\theta}$。

企业生产方面，假定企业只需投入一种要素即劳动 $l$（Melitz，2003），不过采用 Costantini 和 Melitz（2007）关于劳动力供给是完全弹性的假定。经济体总体生产率水平为 $Z$，企业生产率相对值为 $z$（Ghironi and Melitz，2005）。生产率相对值 $z$ 的差异是企业唯一异质性，所以企业生产率 $zZ$ 是唯一异质性。企业投入生产需要支付固定经营成本 $f$，单位化实际工资，从而企业生产 $q$ 产量时，需要的劳动力为 $l=\frac{q}{zZ}+f$。根据商品需求函数看出价格弹性（绝对值）为 $\theta$，因而企业制定的价格为 $p=\frac{1}{1-1/\theta}\cdot MC=\frac{\theta}{\theta-1}\cdot\frac{1}{zZ}$。代入商品需求函数，得到企业产量为 $q=C\left(\frac{1}{P}\cdot\frac{\theta}{\theta-1}\cdot\frac{1}{zZ}\right)^{-\theta}=CP^{\theta}\cdot\frac{(\theta-1)^{\theta}}{\theta^{\theta}}\cdot(zZ)^{\theta}$。企业销售收入 $r$ 为 $r=pq=\left(\frac{\theta}{\theta-1}\cdot\frac{1}{zZ}\right)\cdot\left[CP^{\theta}\cdot\frac{(\theta-1)^{\theta}}{\theta^{\theta}}\cdot(zZ)^{\theta}\right]=CP^{\theta}\cdot\frac{(\theta-1)^{\theta-1}}{\theta^{\theta-1}}\cdot(zZ)^{\theta-1}$。再根据商品价格 $p=\frac{\theta}{\theta-1}MC$，得到企业利润为 $\pi=(p-MC)q-f=\left(1-\frac{\theta-1}{\theta}\right)pq-f=\frac{r}{\theta}-f$。综合起来，得到企业利润为：

$$\pi=CP^{\theta}\cdot\frac{(\theta-1)^{\theta-1}}{\theta^{\theta}}\cdot(zZ)^{\theta-1}-f \tag{3-1}$$

企业为了追求利润而生产，如果企业无法获得利润，则会退出生产。因此，企业投入生产的零利润条件为 $z^{*}=\inf\{z:\pi(z)>0\}$。异质变量 $z$ 决定企业特征，因此可以用 $z$ 来表示企业。假定所有企业（包含在位者与潜在进入者）生产率相对值的密度函数为 $g(z)$。根据零利润条件与式（3-1），任

① 文中的商品价格是剔除货币因素的实际价格。

何投入生产的企业能获得利润的概率为 $1-G(z^*)$，其中 $G(z)$ 是 $z$ 的分布函数。

外生冲击可能会使企业退出生产，假定企业退出概率为 $\delta$。不考虑贴现，根据企业预期利润流得到企业价值为 $v(z) = \max\{0, \sum_{t=0}^{\infty}(1-\delta)^t\pi(z)\} = \max\{0, \frac{\pi(z)}{\delta}\}$。企业平均价值为 $\bar{v}=\frac{\bar{\pi}}{\delta}$，其中 $\bar{\pi}$ 是企业平均利润①，所以企业生产的预期价值为 $[1-G(z^*)]\cdot\frac{\bar{\pi}}{\delta}$。企业生产的进入沉没成本为 $f_e$，所以在自由进入条件下，当企业生产的预期价值等于进入沉没成本时，企业进入或者退出才会停止，即 $[1-G(z^*)]\cdot\frac{\bar{\pi}}{\delta}=f_e$。根据零利润条件与自由进入条件，可以得到市场均衡。

企业如何决定出口呢？这部分内容和 Melitz（2003）的分析非常相似，所以从简论述。假定可以进行自由贸易的国家或者地区一共有 $n$ 个，并且与这些国家或者地区的贸易模式是相同的。另外，这些国家或者地区的需求市场特点与国内市场完全一致，代表性消费者的商品篮子中的商品组合也符合不变替代弹性。出口存在冰山运输成本 $\tau$。如果生产率为 $z$ 企业选择出口，所获得的出口利润为 $\pi_x(z)=\frac{r_x(z)}{\theta}-f_x$，其中 $r_x(z)$ 是该企业在出口市场的销售收入，$f_x$ 是企业进入出口市场所支付的固定进入成本（Roberts and Tybout，1997；Das et al.，2001）。企业为了追求利润而决定是否出口，因此企业进入出口市场的零利润条件为 $z_x^* = \inf\{z: \pi_x(z)>0\}$。Melitz（2003）假定企业进入国内市场的成本包含在固定经营成本 $f$ 中，并且出口需要冰山运输成本，所以出口企业一定也会在国内市场销售产品；反之，在国内市场销售的企业未必选择出口，所以 $z_x^* \geq z^*$。

总之，相对生产率处于 $[z_x^*, \infty)'$ 的企业会向所有国家或者地区出口商品，而相对生产率处于 $[z^*, z_x^*)$ 的企业只面向国内市场。注意，利用 Costantini 和 Melitz（2007）关于经济体对单个行业的劳动力供给满足完全弹性的假定，因而不存在 Melitz（2003）提到的出口会逐出最低生产率企业的结论。

---

① 关于企业平均利润 $\bar{\pi}$ 及总体生产率水平等变量，可以参见 Melitz（2003），不再赘述。

基于异质性企业贸易模型，提出了基本分析框架。接下来利用该框架研究 R&D 与企业出口的相互关系。

## 三、理论研究

### （一）公共 R&D 对企业出口的影响

假定政府部门资助相关机构执行某 R&D 项目，该 R&D 项目会促进整个行业的生产技术。不妨认为政府投入公共 R&D，某行业总体生产率由原来的 $Z$ 上升到 $(1+\lambda)Z$ 的水平。在公共 R&D 之前，企业生产与出口的相对生产率临界点分别为 $z^*$ 与 $z_x^*$。在公共 R&D 之后，企业生产与出口的相对生产率临界点分别为 $z^*/(1+\lambda)$ 与 $z_x^*/(1+\lambda)$。因而，公共 R&D 导致相对生产率处于 $[z_x^*/(1+\lambda), z_x^*)$ 的企业选择出口，这是公共 R&D 通过扩展边际效应影响企业出口。另外，公共 R&D 也导致相对生产率处于 $[z_x^*, \infty)$ 的出口企业增加出口量，这是公共 R&D 通过集约边际效应影响企业出口。根据前文，企业在国内市场的产量为 $q=CP^\theta \cdot \frac{(\theta-1)^\theta}{\theta^\theta} \cdot (zZ)^\theta$，并且出口市场与国内市场具有类似的特点，因而企业在出口市场的产量具有类似形式。因此，公共 R&D 导致原出口企业在出口市场的产量增加到原来的 $(1+\lambda)^\theta$ 倍，从而公共 R&D 通过集约边际效应而增加的企业总出口产量为：

$$\Delta EX_1 = \frac{n[(1+\lambda)^\theta - 1]}{1 - G(z_x^*)} \int_{z_x^*}^{\infty} q_x(z) M_1 g(z) dz \tag{3-2}$$

其中，$q_x(z)$ 是相对生产率为 $z$ 的企业在出口市场所销售的商品量，$M_1$ 是这类企业的总个数。

为了研究公共 R&D 通过扩展边际效应而增加的企业出口量，可以先假定在公共 R&D 之前，相对生产率处于 $[z_x^*/(1+\lambda), z_x^*)$ 的企业如果出口，那么在出口市场销售的产量①同样为 $q_x(z)$。在公共 R&D 支出之后，企业在

① 在公共 R&D 之前，这类企业并不存在这个产量，因为在出口市场无法实现盈利，因而是一个虚拟的量。

出口市场上销售的产量扩大到（$1+\lambda$）$^{\theta}$ 倍，即销售[①]$(1+\lambda)^{\theta}q_x(z)$。因此，公共 R&D 通过扩展边际效应而增加的企业出口量为：

$$\Delta EX_2=\frac{n(1+\lambda)^{\theta}}{G(z_x^*)-G[z_x^*/(1+\lambda)]}\int_{z_x^*/(1+\lambda)}^{z_x^*}q_x(z)M_2g(z)dz \quad (3-3)$$

其中，$M_2$ 是这类企业的总个数。

企业出口量一共增加了 $\Delta EX=\Delta EX_1+\Delta EX_2$。

综上，如果公共 R&D 项目可以提高某一行业的总体生产率，则通过集约边际效应与扩展边际效应可增加企业出口量。

## （二）企业出口对公共 R&D 的反馈

假定政府面临一个 R&D 项目，如果执行该项目，尽管可以使某一行业的总体生产率提升到原来的 $1+\lambda$ 倍，但是需要成本 $F$。根据前一小节分析，该 R&D 项目增加的出口量为 $\Delta EX=\Delta EX_1+\Delta EX_2$。另外，对于原生产企业[②]，在国内市场销售的产量也增加（$1+\lambda$）$^{\theta}$ 倍。因此，这类企业在国内市场所增加的产量为 $\Delta DD_1=\frac{(1+\lambda)^{\theta}-1}{1-G(z^*)}\int_{z^*}^{\infty}q(z)M_3g(z)dz$，其中 $M_3$ 是这类企业的总个数。在公共 R&D 之后，相对生产率处于［$z^*$/（$1+\lambda$），$z^*$）的企业会生产，在国内市场增加的产量为 $\Delta DD_2=\frac{(1+\lambda)^{\theta}}{G(z^*)-G[z^*/(1+\lambda)]}\int_{z^*/(1+\lambda)}^{z^*}q(z)M_4g(z)dz$，其中，$M_4$ 是这类企业的总个数。从产量角度看，如果经济体不允许企业出口，那么政府执行该 R&D 项目导致的产出增量为：

$$\Delta Q_1=\Delta DD_1+\Delta DD_2 \quad (3-4)$$

如果允许企业出口，该 R&D 项目导致的产出增量为：

$$\Delta Q_2=\Delta DD_1+\Delta DD_2+\Delta EX_1+\Delta EX_2 \quad (3-5)$$

式（3-5）的内在逻辑非常简单，因为 $\Delta Q_2-\Delta Q_1=\Delta EX_1+\Delta EX_2$ 就是衡量公共 R&D 导致的企业出口增量。不过，式（3-5）的经济学含义非常重要，因为该式将公共 R&D 影响产量划分为四部分，每部分都值得进一步研究。

---

① 这一产量是真实存在的，因为在公共 R&D 之后，这类企业在出口市场能够实现盈利。

② 在 R&D 之前已经生产的企业，既包含出口企业也包含内销企业。

公共 R&D 通过企业出口而增加产量，如果政府追求产出增量，那么企业出口无疑会激励政府开展 R&D 活动。

Melitz 和 Trefler（2012）给出了如何从成本收益角度考虑某个 R&D 项目是否应该执行。政府运用该方法权衡是否执行公共 R&D 时，需考虑 R&D 成本 $F$ 与 R&D 所节约的社会成本之间的关系。在公共 R&D 之后，企业生产率从 $zZ$ 提高到 $(1+\lambda)zZ$，在任意市场上（包括国内市场及可能的出口市场）的产量提高了 $(1+\lambda)^{\theta}$ 倍。根据生产函数，企业为多生产任意市场上的产量而雇用 $(1+\lambda)^{\theta-1}$ 倍的劳动。由于 $\theta>1$，所以企业在生产率提高后，反而会增加所雇用的劳动。因此，企业在公共 R&D 之后支付更高的成本，所以无法使用企业成本的下降①幅度来评估该 R&D 项目是否具有可行性。

换种思路，在公共 R&D 之前，行业总产量为：

$$Q_1 = \frac{1}{1-G(z^*)}\int_{z^*}^{\infty} q(z)M_3 g(z)dz + \frac{n}{1-G(z_x^*)}\int_{z_x^*}^{\infty} q_x(z)M_1 g(z)dz \tag{3-6}$$

在公共 R&D 之后，行业总产量为 $Q_2=Q_1+\Delta DD_1+\Delta DD_2+\Delta EX_1+\Delta EX_2$。为了从成本收益角度评估公共 R&D 的可行性，可以假定政府在保持行业总产量不变时，公共 R&D 所节约的成本②。在公共 R&D 之前，企业的可变成本总计为：

$$VC_1 = \frac{1}{1-G(z^*)}\int_{z^*}^{\infty} \frac{q(z)}{zZ}M_3 g(z)dz + \frac{n}{1-G(z_x^*)}\int_{z_x^*}^{\infty} \frac{q_x(z)}{zZ}M_1 g(z)dz \tag{3-7}$$

公共 R&D 之后，如果企业保持产量不变，那么企业的可变成本总计为：

$$VC_2 = \frac{1}{1-G(z^*)}\int_{z^*}^{\infty} \frac{q(z)}{(1+\lambda)zZ}M_3 g(z)dz + \frac{n}{1-G(z_x^*)}\int_{z_x^*}^{\infty} \frac{q_x(z)}{(1+\lambda)zZ}M_1 g(z)dz \tag{3-8}$$

由式（3-7）与式（3-8）看出，如果政府执行该 R&D 项目，所节约的社会总成本 $\Delta VC=VC_1-VC_2$ 为：

---

① 因为根本没有下降，反而是上升。

② 这么考虑是有依据的，因为政府从成本收益角度来决定是否执行 R&D 时，行业产量变化属于事后变量，从而政府很可能不会考虑行业产量变化。当然，正如前文所述，如果政府目标是追求产出增量，那么就会首先考虑这一点。

$$\Delta VC = \frac{\lambda/(1+\lambda)}{1-G(z^*)}\int_{z^*}^{\infty}\frac{q(z)}{zZ}M_3 g(z)dz + \frac{n\lambda/(1+\lambda)}{1-G(z_x^*)}\int_{z_x^*}^{\infty}\frac{q_x(z)}{zZ}M_1 g(z)dz \tag{3-9}$$

如果不允许企业出口，那么该公共 R&D 项目所节约的社会总成本只有 $\Delta VC' = \frac{\lambda/(1+\lambda)}{1-G(z^*)}\int_{z^*}^{\infty}\frac{q(z)}{zZ}M_3 g(z)dz$。如果 $\Delta VC'<F<\Delta VC$，那么从成本收益角度看，政府会在企业出口的情况下执行该公共 R&D 项目，而在封闭经济条件下放弃该 R&D 项目。

综上，如果政府从刺激产出角度出发，允许企业出口，那么公共 R&D 项目所增加的产量会更大，因而企业出口会激励政府执行公共 R&D 项目。如果政府仅从维持产量条件下成本节约角度出发，允许企业出口，R&D 会节约更多的社会总成本，因而企业出口会激励政府执行公共 R&D 项目。

## （三）企业 R&D 对企业出口的影响

公共 R&D 能够促进某行业中企业的生产率，企业自身的 R&D 有何影响呢？R&D 可能用于产品的更新换代，也可能用于提高生产率。另外，企业 R&D 可能会产生技术溢出效应，没有 R&D 的企业可能会获益于 R&D 企业的 R&D 活动。为了论述简便，不考虑企业 R&D 的溢出并由此造成的外部性问题。本节主要研究企业 R&D 如何通过创造新产品或者提高生产率来影响企业出口。

首先，考虑提高企业生产率的 R&D。企业相对生产率为 $z$ 并且已经生产①，那么 $z\in[z^*, \infty)$。如果该企业执行某 R&D 项目，它的相对生产率提高到（$1+\lambda)z$，这里与汤二子和孙振（2012）所做的假定不同，那篇文献讨论了企业投入不同数量的研发如何影响企业出口，而为了更直观地揭示企业研发如何影响企业出口，假定企业进行的研发项目对生产率存在恒定的影响。另外，假定单个企业生产率的变化不会影响行业总体生产率，所以该企业在 R&D 后的生产率为（$1+\lambda)zZ$。企业 R&D 如何影响该企业的出口，按照相对生产率 $z$ 的大小，有以下几种情形：

（1）$z\in[z_x^*, \infty)$，该企业在 R&D 之前就已经出口。企业在 R&D 之后

① 此处假定只有已经生产的企业才能进行 R&D 活动。

会扩大出口交易量。根据前文，企业出口交货量增加到原来的 $(1+\lambda)^{\theta}$ 倍，即 $n[(1+\lambda)^{\theta}-1]q_x(z)$，其中，$q_x(z)$ 是企业在 R&D 之前的出口总量。

（2）$z\in[z_x^*/(1+\lambda),\ z_x^*)$，该企业在 R&D 之前只面向国内市场①。企业在 R&D 之后会选择出口，出口量为 $n(1+\lambda)^{\theta}q_x(z)$，其中，$q_x(z)$ 是相对生产率为 $z$ 的企业的出口量②。

（3）$z\in[z^*,\ z_x^*/(1+\lambda))$，该企业在 R&D 之前没有出口，在 R&D 之后也不会出口，从而 R&D 只影响该企业在国内市场上的产量③，对企业出口没有影响。

如果企业 R&D 能够提高生产率，那么对出口企业来说，R&D 会激励企业扩大出口量；对内销企业来说，R&D 会激励该企业选择出口。企业 R&D 如何影响企业出口取决于 R&D 之前的企业生产率及 R&D 提高生产率的程度。

接下来，考虑企业创造新产品的 R&D。其实，理解此类 R&D 如何影响企业出口非常简单。企业创造并销售新产品可以看成一个新企业销售它的产品，所以能够把企业新创造的产品与“旧”产品区别开来④。如果企业在新产品上的相对生产率处于 $[z_x^*,\ \infty)$，那么该企业将出口 R&D 所创造的新产品；如果生产新产品的相对生产率处于 $[z^*,\ z_x^*)$，那么企业只面向国内市场销售新产品；如果生产新产品的相对生产率处于 $(0,\ z^*)$，企业无法由新产品获得利润并退出生产，因此研制新产品的 R&D 是失败的⑤。总之，企业 R&D 创造新产品，如果新产品在出口市场可以实现盈利，企业就会出口该新产品。

本节研究了企业 R&D 对企业出口的影响。不管 R&D 是提高生产率还是研制新产品，都能激励企业出口。

---

① 假定 $Z_x^*/(1+\lambda)>Z^*$。如果 $Z_x^*/(1+\lambda)<Z^*$，分析没太大差异。

② 同样，在此处是虚拟的变量，因为这类企业在 R&D 之前出口会造成利润损失，从而不会出口。

③ 同样，企业在国内市场上的产量也增长到原来的 $(1+\lambda)^{\theta}$ 倍。

④ 注意：企业新创造的产品与“旧”产品之间可能具有高度替代性，甚至企业是直接用新产品代替“旧”产品。不过，考虑这类情形只会使分析过于复杂而又得不到新的结论，为了简化分析，还是假定新产品与“旧”产品是“并列”进入商品篮子的。

⑤ 当然，这种情况未必表明企业 R&D 就是失败的。企业可以先研制新产品，然后再提高生产率，最终获利。不过，这并非研究主题，不再赘述。

### （四）企业出口对企业 R&D 的反馈作用

对于某个 R&D 项目，尽管企业执行该项目能提高生产率，但要支付成本 $F$。企业如何决策是否执行该项目呢？企业出口是否能够影响企业 R&D 决策？Melitz 和 Trefler（2012）认为，企业出口增加产量并扩大 R&D 所节约的成本，从而激励企业 R&D。如同第二小节分析企业出口对公共 R&D 的反馈作用一样，如果从 R&D 节约成本的视角来研究企业出口对企业 R&D 的反馈作用，需要维持企业 R&D 前后产量不变的假定。然而企业不同于政府，企业更容易了解 R&D 如何影响产量。另外，企业考虑更多的是利润最大化，而不仅仅是成本最小化。因此，应该从包含产量变化的利润变化视角来研究企业 R&D 决策。

企业 R&D 提高生产率进而使企业在任意市场上的产量增加到 $(1+\lambda)^{\theta}$ 倍，所以为了满足任意市场上的产量，雇用的劳动增加到 $(1+\lambda)^{\theta-1}$ 倍，所以企业在 R&D 之后，总成本增加了。那么，企业利润是如何变化的呢？为了论述简便，仅仅考虑企业在 R&D 前就已出口的情形①，该企业相对生产率 $z\in[z_x^*,\ \infty)$。企业在国内市场所获得的利润为 $\pi_d(z)=r_d(z)/\theta-f$，在任意出口市场所获得的利润为 $\pi_x(z)=r_x(z)/\theta-f_x$。根据 $r=CP^{\theta}\cdot\frac{(\theta-1)^{\theta-1}}{\theta^{\theta-1}}\cdot(zZ)^{\theta-1}$，得到 $r[(1+\lambda)z]=(1+\lambda)^{\theta-1}r(z)$。如果企业在 R&D 之后，相对生产率提高到（$1+\lambda$）倍，那么企业所获得的总利润 $\pi[(1+\lambda)z]$ 为：

$$\begin{aligned}\pi[(1+\lambda)z]&=\pi_d[(1+\lambda)z]+n\pi_x[(1+\lambda)z]\\&=r_d[(1+\lambda)z]/\theta+nr_x[(1+\lambda)z]/\theta-f-nf_x\\&=(1+\lambda)^{\theta-1}[r_d(z)/\theta+nr_x(z)/\theta]-f-nf_x\end{aligned}\tag{3-10}$$

企业 R&D 所带来的利润增量为：

$$\Delta\pi=\pi[(1+\lambda)z]-\pi(z)=[(1+\lambda)^{\theta-1}-1][r_d(z)/\theta+nr_x(z)/\theta]\tag{3-11}$$

对于 R&D 成本 $F$，如果：

（1）$F>[(1+\lambda)^{\theta-1}-1][r_d(z)/\theta+nr_x(z)/\theta]$，那么企业不会 R&D。

（2）$F<[(1+\lambda)^{\theta-1}-1](r_d(z)/\theta)$，那么企业会 R&D，即使企业不出口

① 其他情形并无太大区别，故不再赘述。不过，如果企业生产率过低，在 R&D 后依然放弃出口，那么出口对企业 R&D 就没有反馈作用。

也会 R&D。

(3) $[(1+\lambda)^{\theta-1}-1](r_d(z)/\theta)<F<[(1+\lambda)^{\theta-1}-1][r_d(z)/\theta+nr_x(z)/\theta]$，那么企业只有在出口时才会 R&D。如果该企业只面向国内市场，那么企业 R&D 所增加的利润无法补偿 R&D 成本，所以会放弃 R&D。

本节从利润最大化视角研究了企业出口对企业 R&D 的反馈作用。企业 R&D 所带来的利润优势不仅惠及国内市场，也能影响出口市场。因此，出口会提高企业 R&D 所带来的利润增量，亦即研发促进企业利润增加的出口扩大效应（汤二子和刘凤朝，2015），进而激励企业从事 R&D。

## 四、结论

本章构建的分析框架来自于异质性企业贸易模型，参考的主要文献为 Melitz（2003）与 Ghironi 和 Melitz（2005）。在异质性企业贸易模型中，如何做出劳动力市场的假定是至关重要的，然而这一假定却存在巨大差异。就以 Melitz 个人研究为例，他在不同文献中对劳动力市场所做的假定都不尽相同。Melitz（2003）假定劳动力市场满足完全无弹性的供给，而 Costantini 和 Melitz（2007）却认为经济体对单个行业的劳动力供给满足完全弹性。尽管劳动力市场供给的完全无弹性或者完全弹性都是极端假设，但为了完成相应的理论研究，又不得不做出如此极端假定。鉴于劳动力市场流动性越来越快及失业的存在，所以采用 Costantini 和 Melitz（2007）关于单个行业劳动力市场满足完全弹性供给的假定。在该假定下，构建了四个模型，分别讨论公共 R&D 对企业出口的影响、企业出口对公共 R&D 的反馈作用、企业 R&D 对企业出口的影响及企业出口对企业 R&D 的反馈作用。主要结论如下：①公共 R&D 提高整个行业的总体生产率。公共 R&D 激励原出口企业增加出口量（集约边际），以及激励新企业进入出口市场（扩展边际）。②公共 R&D 通过四个途径增加行业总体产出，即增加在位企业在国内市场的销售、增加出口企业在出口市场的销售、新进入企业在国内市场的销售及新出口企业在出口市场的销售。从增产视角来看，允许企业出口会激励政府投入公共 R&D。从节约成本视角来看，维持公共 R&D 之前的行业总产量，政府会比较 R&D 所节约的社会总成本与 R&D 成本的大小。对于公共 R&D，允许企业出口会节约更多的社会总成本。总之，企业出口对公共 R&D 具有积极的激励作用。③企业为了提高生产率而投入 R&D，如果企业在 R&D 之前就已出口，那么 R&D 会增加该企业在出口市场上的产量；如果 R&D 前企业没有出口，那么 R&D 会激励企业选择出口。企业为了开发新产品而投入 R&D，可以将企业新产品看成是“新”企业的产品，如果该“新”企业的产品可以实现出口盈利，那么企业出口新产品。总之，企业 R&D 会促进企业出口。④企业会从利润最大化视角来做出 R&D 决策。如果企业出口，那么 R&D 对企业利润的正向影响会更大。因此，企业出口对企业 R&D 具有正向激励作用。

本章所建构的模型非常简单，却极为实用。该模型不仅能够揭示 R&D 与企业出口之间的内在联系，而且能为将来的实证研究提供思路。总之，R&D 与企业出口都是重要的经济活动，它们之间存在互为加强的内在联系。任何经济单位在对其中一项活动做出决策时，应该权衡所做决策对另一项活动的影响。只有统筹兼顾了 R&D 与出口贸易，中国制造业企业才能走出一条健康发展的道路。

（本章主要内容曾发表于《财贸研究》2016 年第 2 期）

第四章

# 中国制造业企业生产率视角下的排污交易机制

在新时代的发展中，中国必须秉承高质量发展。中国制造业企业为国民经济建设贡献了很大力量，但也带来了一些问题，比如经验证据发现中国污染排放中的很大比例就是来自制造业企业的生产。五大发展理念中的绿色发展包含了控制污染排放的内在要求。政府部门及企业之间的排污权交易机制被证明可以控制污染排放总量，但其在经济上的效率究竟如何却具有争议。前面章节业已论证中国制造业企业的发展需要依靠生产率提升，因此为了解答企业排污权交易机制是否具有经济效率这一问题，就不能回避生产率这一关键要素。鉴于此，本章在中国制造业企业生产率的视角下，从理论上研究排污权交易机制的经济效率。如果政府参与下的排污权交易机制具有经济效率，那么这一政策设计必将有利于中国制造业企业的稳步发展。

## 一、研究背景

在世界经济总量低下与发展缓慢的年代，自然资源及生态环境完全服务于经济增长。在工业革命的刺激下，对资源的掠夺式开采与不计后果的污染排放带动了世界经济在 19 世纪及 20 世纪前半叶的快速增长。随着 20 世纪后半叶经济增长所带来的环境危机不断加剧，特别是进入 21 世纪后，人类对生态环境质量的诉求越来越强烈，环境完全服务于经济增长的模式被逐渐遗弃，提出环境保护与经济发展并重的可持续发展战略。污染问题一直以来是环境保护的主要议题，也是环境保护最棘手的问题，企业污染排放是造成环境污染的重要因素，所以研究如何限制企业污染排放受到了各界关注。对企业污染的研究首先是基于排放者所带来的外部性问题，Pigou（1920）提出对排污者征税或者收费可以解决该外部性问题，并且庇古提出征税额度应该等于污染的外部成本，从而使企业生产成本与社会成本保持一致，这种税被称为庇古税。尽管理论上庇古税可以解决企业污染排放的外部性问题，但是庇古税的具体操作程序却显得尤为复杂，从而使庇古税缺乏有效性。关于限制企业污染的问题，Tang 等（2014）从企业生产率异质性视角研究了资源优化配置与污染排放限制政策，研究认为政府征收污染税可以降低企业的污染排放，却可能会造成社会产出的大幅降低，这会使很多落后经济体陷入困境，因此不顾后果地征收污染税并非社会最优决策。Tang 等（2014）提出，在征收污染税的同时再对生产率高的企业进行生产性补贴，这样在维持总产量的情况下，相对征收污染税之前，能够降低资源使用总量与污染排放量。相对于征收庇古税，Coase（1960）提出污染需要治理，而治理污染会对企业造成损失，日常商品交换可以看成是权利（产权）交换，那么企业的污染权也可以用于交换，从而利用市场交易使得企业污染排放达到最优效率。Croker（1966）将科斯定理用于控制空气污染的研究，Dales（1968）将科斯定理用于水污染的控制研究，至此排污权交易正式被提出，并且美国环保局（EPA）从 20 世纪 70 年代开始试图将排污权交易用于大气污染源及水污染管理，从而排污权交易也存在了实践基础。

排污权交易在限制整体污染的情况下允许企业通过市场交易重新分配污染权。在排污权交易提出以后，研究者基本默认该政策具有经济效率，从而将主要精力用于如何设计排污权交易制度。Gunasekera 和 Cornwell（1998）为澳大利亚环保部门制定排污权交易制度时，提出需要注意产品定义、市场参与者、排污权分配、运作管理及市场势力等问题。Hahn（1984）提出，在不完全竞争市场中排污权初始分配会影响效率，可以通过拍卖确定排污权的初始分配。目前，关于排污权交易的国内外研究主要集中于如何设计排污权制度，当然也有部分研究探讨排污权交易的效率，而这些研究大部分是基于庇古提出的污染外部性假设，通过市场交易使企业重新分配污染交易权而解决污染外部性问题，尽管这些研究对于排污权交易理论的建立起到了不可替代的作用，却忽视了一点，即企业排放的污染主要由生产过程造成的。那么排污权交易如何影响企业生产过程、企业污染排放及生产所创造的社会财富呢？即排污权交易的经济效率究竟如何呢？目前鲜有研究专注于这些问题，本章基于企业生产率视角，并利用异质企业模型来研究排污权交易对企业生产过程、污染排放、社会总污染量及政府支付等方面的影响，探讨排污权交易究竟存在怎样的经济效率。

# 二、模型框架

本章所使用的模型框架来源于 Melitz（2003）的研究，本书前面章节多次介绍了该模型的基本框架，但是本章研究污染排放这一新的议题，所利用的理论分析框架与前面章节相比有较大不同，所以重新设定各种参数变量予以详细阐述。企业污染是在生产过程中排放的，因而首先需要构建企业生产的均衡。这一部分的内容与 Melitz（2003）类似，因此仅做简要描述。

对于整个产业内的商品，假设消费者的效用函数满足 C. E. S 型（Dixit and Stiglitz，1977），即对任意商品 $\omega\in\Omega$，如果消费者消费商品 $\omega$ 的数量是 $x(\omega)$，消费者的效用函数为 $U=[\int_{\omega\in\Omega}x(\omega)^{\rho}d\omega]^{\frac{1}{\rho}}$，其中，$\rho$ 是参数并且满足 $0<\rho<1$。任意两种商品之间的替代弹性 $\sigma=\frac{1}{1-\rho}$，即替代弹性 $\sigma$ 是固定不变的，根据 $0<\rho<1$，看出 $\sigma>1$。按照效用函数构造数量指数 $X\equiv U=\left[\int_{\omega\in\Omega}x(\omega)^{\rho}d\omega\right]^{\frac{1}{\rho}}$。假设商品 $\omega$ 的价格是 $p(\omega)$，利用替代弹性 $\sigma$ 构造价格指数 $P=\left[\int_{\omega\in\Omega}p(\omega)^{1-\sigma}d\omega\right]^{\frac{1}{1-\sigma}}$。根据 Melitz（2003）看出市场对产品 $\omega$ 的需求数量 $x(\omega)$ 为 $x(\omega)=X\left[\frac{p(\omega)}{P}\right]^{-\sigma}$。假设商品市场对于 $\omega$ 的消费支出为 $r(\omega)$，根据数量指数 $X$ 与价格指数 $P$，所有商品的总支出为 $R=\int_{\omega\in\Omega}r(\omega)d\omega=PX$。商品 $\omega$ 的销售收入即消费支出为 $r(\omega)=p(\omega)x(\omega)=p(\omega)X\left[\frac{p(\omega)}{P}\right]^{-\sigma}=PX\left[\frac{p(\omega)}{P}\right]^{1-\sigma}=R\left[\frac{p(\omega)}{P}\right]^{1-\sigma}$。

概括企业生产技术特点的经典生产函数是 C-D 型（Cobb and Douglas，1928），由于该函数可以包括多种生产要素，以及可以做出规模报酬不变、递减或者递增等多种假设，并且该函数还可以通过对数化等方式进行经验研究，从而使 C-D 生产函数颇受欢迎。不过，C-D 生产函数包含多种生产要素，因而在理论研究中使用该函数会比较复杂。Krugman（1979）提出单一资源且平均成本递减的生产函数。假设企业生产只使用一种资源①$s$，企业生产率为$\varphi$，所以企业生产产量$q$所使用的资源为$s=q/\varphi$。资源单位价格为$\gamma$，所以企业生产产量$q$需要的可变成本为$(\gamma q)/\varphi$。由于企业生产需要投入固定成本，不妨认为是$f$，该固定成本$f$是不随企业产量$q$而变化的。企业生产产量为$q$所需要的总成本为$C=\frac{\gamma q}{\varphi}+f$，边际成本为$MC=\frac{\partial C}{\partial q}=\frac{\gamma}{\varphi}$。根据需求数量$x(\omega)=X\left[\frac{p(\omega)}{P}\right]^{-\sigma}$得到价格弹性为$\sigma$，因而根据边际成本加成定价，商品价格为$p=MC\cdot\frac{1}{1-1/\sigma}=\frac{\gamma}{\varphi}\cdot\frac{\sigma}{\sigma-1}=\frac{\gamma}{\rho\varphi}$。

如果企业实现利润最大化的产量正好用于市场销售，那么就实现均衡②。企业按照边际成本加成定价所制定的价格就是利润最大化决策，即在所给定的生产与销售特点下，如果企业产品全部用于市场销售，那么商品市场的需求量等于产量，所以均衡满足$q=x=X\left[\frac{p(\omega)}{P}\right]^{-\sigma}$。利用价格，得到产量为$q=X\left(\frac{P\rho\varphi}{\gamma}\right)^{\sigma}$，收益为$r=R\left(\frac{P\rho\varphi}{\gamma}\right)^{\sigma-1}$。利润$\pi$与收益$r$满足$\pi=r-C=r-\frac{\gamma}{\varphi}\cdot q-f=r-(\rho p)q-f=(1-\rho)r-f=\frac{r}{\sigma}-f$，所以企业利润为$\pi=\frac{R}{\sigma}\left(\frac{P\rho\varphi}{\gamma}\right)^{\sigma-1}-f$。

Tang 等（2014）提出优化资源配置与限制污染排放的污染税与补贴相结合的环境政策时，也利用了异质性企业模型框架。因此，本章关于污染排放方面的部分设定借鉴了他们的做法。

异质企业模型的最大优点是能看出企业生产率差异所产生的影响。由于$R$与$P$是商品市场的指数，$\rho$与$\sigma$是预设参数变量，假定企业所面临的要素市场是竞争性的（即资源价格$\gamma$不受单个企业影响）及固定成本相同，那么企业获得的利润$\pi$唯一决定于企业生产率$\varphi$。由于$\sigma>1$，从而$\frac{\partial\pi}{\partial\varphi}>0$。企业生产只为利润，如果企业不能获得利润，那么该企业将立即退出生产。不妨认为$\varphi^*=\inf\{\varphi:\pi(\varphi)>0\}$，从而根据$\frac{\partial\pi}{\partial\varphi}>0$看出：如果企业生产率

① Melitz 假定的唯一投入要素是劳动。为了后文中有关污染的定义，这里采用与 Tang 等（2014）的做法，定义企业投入的唯一生产要素为“资源”。

② 为了论述的简便，本章只论述局部均衡，而 Melitz（2003）构建了一般均衡。

$\varphi>\varphi^*$，那么该企业将生产并获得利润；如果企业生产率 $\varphi<\varphi^*$，那么该企业由于生产会亏损从而退出生产。企业生产率差异直接影响企业生产决策，为了简化分析，假定只有三种生产率 $\varphi_1$、$\varphi_2$ 与 $\varphi_3$，并且满足 $\varphi_1<\varphi^*<\varphi_2<\varphi_3$，从而生产率为 $\varphi_1$ 退出生产，生产率为 $\varphi_2$ 与 $\varphi_3$ 进行生产并获得利润，它们生产的产量及获得的利润分别为：

$$\begin{cases} q_2=X\left(\dfrac{P\rho\varphi_2}{\gamma}\right)^{\sigma} \\ q_3=X\left(\dfrac{P\rho\varphi_3}{\gamma}\right)^{\sigma} \end{cases} \text{和} \begin{cases} \pi_2=\dfrac{R}{\sigma}\left(\dfrac{P\rho\varphi_2}{\gamma}\right)^{\sigma-1}-f \\ \pi_3=\dfrac{R}{\sigma}\left(\dfrac{P\rho\varphi_3}{\gamma}\right)^{\sigma-1}-f \end{cases}$$

。假设生产率为 $\varphi_2$ 与 $\varphi_3$ 的企业共有 $n_2$ 与 $n_3$ 个，从而总产量 $Q$ 为：

$$Q=n_2q_2+n_3q_3 \tag{4-1}$$

企业生产为社会创造的总财富 Π 为：

$$\Pi=n_2\pi_2+n_3\pi_3 \tag{4-2}$$

考虑企业污染排放情况，类似于 Tang 等（2014）所做的假定，生产性企业的污染排放受到该企业资源使用量的影响，资源投入越多的企业污染排放越大。为了简化分析，不妨认为企业污染排放量 $y=\tau\cdot s$，其中，$\tau$ 是污染因子，即使用单位生产资源所产生的污染量。由于 $s=q/\varphi$，从而企业污染排放量 $y=\tau\cdot\dfrac{q}{\varphi}$。根据企业产量，企业污染排放量 $y$ 与生产率 $\varphi$ 的关系为：

$$y=\tau\cdot\left[X\left(\frac{P\rho\varphi}{\gamma}\right)^{\sigma}/\varphi\right]=\tau X\left(\frac{P\rho}{\gamma}\right)^{\sigma}\cdot\varphi^{\sigma-1} \tag{4-3}$$

由于 $\sigma>1$，从而有①：

$$\frac{\partial y}{\partial\varphi}>0 \tag{4-4}$$

从式（4-4）看出企业污染排放受到生产率的影响，生产率越高的企业所排放的污染量越高，原因是企业生产率提高会刺激企业扩大生产，需要投入更多的生产资源，最终导致企业污染排放增加。如果考虑单位资源的污染排放量（污染因子）如何随着生产率提高而变化，情况将变得稍微复

① 这里假定 $\tau$ 不受企业生产率的影响，尽管企业生产率提高可以增加单位资源的使用效率，从而可能会降低单位资源所造成的污染排放量，但是在一般范围内生产率的变化对单位资源所造成的污染并不能产生过大的影响，所以假定 $\tau$ 独立于 $\varphi$ 也较接近于事实。

杂。如 Tang 等（2015）详细分析了企业生产率、污染排放及产出之间的关系，指出当企业生产率提高时，如果产出维持不变，从而企业污染排放量会降低，因为污染因子及资源使用量都会下降。如果企业通过利润最大化使产量随着生产率提高而增加，尽管污染因子降低，但是污染总量在一定条件下（替代弹性超过一定范围）也会增加。本章主要考察排污权交易的经济效率，从而简化论述，不考虑污染因子如何随生产率变化的问题。对于生产率分别为 $\varphi_2$ 与 $\varphi_3$ 的企业，造成的污染排放量分别为：

$$\begin{cases} y_2=\tau X\left(\dfrac{P\rho}{\gamma}\right)^{\sigma}\cdot\varphi_2{}^{\sigma-1} \\ y_3=\tau X\left(\dfrac{P\rho}{\gamma}\right)^{\sigma}\cdot\varphi_3{}^{\sigma-1} \end{cases} \tag{4-5}$$

由于 $\varphi_2<\varphi_3$，从而有 $y_2<y_3$，社会总污染排放量 $Y$ 为：

$$Y=n_2y_2+n_3y_3 \tag{4-6}$$

## 三、污染配额限制及其困境

对于企业排放的污染，政策制定者不愿意放手不管，假定政策制定者对于企业污染排放量给予配额限制。政策制定者在制定污染配额标准时处于信息不对称地位，即难以了解企业生产率高低，因而不妨认为对企业污染排放配额按照“一视同仁”的原则进行发放。值得注意的是，政府为了维护公平形象，也乐意对企业制定相同的污染配额标准。假定政策制定者为每个企业污染排放设置同样配额 $\bar{y}$，只要企业污染不超过 $\bar{y}$ 就可随意污染，如果污染超过 $\bar{y}$ 将受到强烈的制裁，因而企业排放的污染不会超过 $\bar{y}$。对于污染排放配额 $\bar{y}$，不妨认为 $y_2<\bar{y}<y_3$，所以生产率为 $\varphi_2$ 的企业并不受污染配额的影响，而生产率为 $\varphi_3$ 的企业排放的污染超过污染配额，所以需要缩减产量，产量缩减到 $q'_3=\dfrac{\varphi_3}{\tau}\cdot\bar{y}$。生产扭曲势必对企业利润造成影响，不妨认为企业利润下降到 $\pi'_3$。在污染配额情形下，社会总污染 $Y'$ 为：

$$Y'=n_2y_2+n_3\bar{y} \tag{4-7}$$

对企业制定强有力的污染排放配额限制确实可以降低污染，即有 $Y'<Y$。不过，这种做法具有很大的经济影响。首先，企业所创造的财富额 $\Pi'$ 下

降到：

$$\Pi' = n_2\pi_2 + n_3\pi'_3 < \Pi \tag{4-8}$$

政策制定者及市场消费者更难以承受的是市场总产量的下降，市场总产量 $Q'$下降到：

$$Q' = n_2q_2 + n_3q'_3 \tag{4-9}$$

尽管污染配额限制能够降低污染总量，但是会对总产量造成消极影响，因而存在一个困境。Tang 等（2014）在讨论征收污染税时，也指出尽管污染税可以降低产量，但是也能造成产量困境。从这方面来说，污染配额限制与征收污染税具有类似影响。

总产量是衡量政绩的主要指标（周黎安，2004），如果总产量下降，政策制定者势必受到影响，并且总产量下降也会破坏市场所维持的均衡状态，消费者所获得的产品总量下降，进而影响消费者的生活水平。鉴于此，政策制定者在严格执行污染配额限制措施之外，会极力维持市场产出总量。Tang 等（2014）提出，对生产率高的企业进行生产性补贴可以解决征收污染税所造成的产量困境，但是在污染排放配额限制情形下，这样的措施却行不通。由于生产率为 $\varphi_3$ 的企业污染总量已经超过污染配额，所以政府不能企望这类企业去扩大生产；生产率为 $\varphi_2$ 的企业尽管没有受到污染配额限制的影响，但是它们已经实现了利润最大化，所以这类企业也不会扩大产量。对此，不妨认为政策制定者通过税收减免或者生产性补贴等优惠政策让新企业投入生产来维持总产量。对于生产率为 $\varphi_1$ 的企业，投入生产所获的利润为 $\pi_1$，由于 $\pi_1<0$，所以政府对这类企业至少需要补贴 $t=|\pi_1|$。这类企业生产所获得的产量及排放的污染分别为 $q_1$ 与 $y_1$，当然 $y_1<\bar{y}$。假设新进入 $n_1$ 个生产率为 $\varphi_1$ 的企业可以维持总产量 $Q$ 不变，从而有 $n_1q_1=Q-Q'=n_3(q_3-q'_3)$。此时，企业生产创造的总财富 $\Pi''$为：

$$\Pi'' = n_1\pi_1 + n_2\pi_2 + n_3\pi'_3 < \Pi' < \Pi \tag{4-10}$$

根据 $n_1q_1=n_3(q_3-q'_3)$ 且 $\varphi_1<\varphi_3$ 得到 $n_1\dfrac{q_1}{\varphi_1}>n_3\dfrac{(q_3-q'_3)}{\varphi_3}$，两边同时乘以污染因子 $\tau$ 并移项，有 $n_1y_1+n_3\bar{y}>n_3y_3$，社会总污染量 $Y''$为：

$$Y''=n_1y_1+n_2y_2+n_3\bar{y}>n_2y_2+n_3y_3=Y \tag{4-11}$$

政策制定者为了维持总产量水平而激励生产率低的新企业投入生产，这样做尽管可以解决污染排放配额所造成的产量困境，却又造成新的更严重的困境，那就是企业创造的社会总财富会下降更多。特别地，企业排放的污染总量不仅会高于排污配额限制后的水平，而且会高于政府制定排污配额限制前的水平，从而出现政府“好心办坏事”的困境。

因此，简单地制定污染排放配额限制措施会存在产量困境，政府为了维持产量而激励低生产率企业投入生产也会存在困境。那么，有没有什么措施可以缓解污染配额限制所造成的困境呢？当然，排污权交易就是其中一种措施。

## 四、排污权交易效率分析

如果政策制定者允许企业之间交换污染权，在交易成本忽略不计的情况下，污染没有超过配额的企业会将“剩余”的污染权卖给污染超过配额的企业。为了简化分析，假设存在一个污染权交易的“市场”，企业在这个“市场”中可以出卖或者购买污染权。企业购买的污染权仅仅代表拿到一种污染凭证，而污染凭证究竟是哪个企业出售的并不重要。同样，出卖污染权的企业也不理会究竟是哪个企业购买了自己的污染权。由于假定交易成本忽略不计，从而污染权价格决定于购买企业与出售企业之间的预期及博弈。不过，假设企业购买污染权是一次性支付交易，而不是按照污染权规定的污染排放量的单位价格支付①，所以购买污染权对企业生产的边际成本与产品价格不存在影响。

对于企业的污染排放配额 $\bar{y}$，在位企业的污染排放量分别为 $y_2$ 与 $y_3$，并且满足 $y_2<\bar{y}<y_3$，从而生产率为 $\varphi_2$ 的企业在排污权交易“市场”出售 $\bar{y}-y_2$，生产率为 $\varphi_3$ 的企业会购买 $y_3-\bar{y}$ 的污染权。对于 $\bar{y}$，存在以下几种情形：

（1）如果 $n_2(\bar{y}-y_2)\geqslant n_3(y_3-\bar{y})$，即 $\bar{y}\geqslant\dfrac{n_2y_2+n_3y_3}{n_2+n_3}$时，生产率为 $\varphi_2$ 的企业出售的污染权可以满足生产率为 $\varphi_3$ 的企业所购买的，所以生产率为 $\varphi_3$ 的企业支付 $\xi$ 费用购买污染权 $y_3-\bar{y}$，生产率为 $\varphi_2$ 的企业得到（$n_3\xi)/n_2$ 收入

① 如果按照单位污染权价格购买，就需要考虑企业生产边际成本的变化，从而可能影响价格。如果按照需要的污染量一次性支付的话，就将企业购买污染权的费用计入企业生产的固定成本，从而对企业所制定的价格不存在影响。这么做简化了分析，并且也能得到很多有用的结论。

而出售 $[n_3(y_3-\bar{y})]/n_2$ 污染权。此时，生产率为 $\varphi_3$ 的企业产量为 $q_3$，利润①为 $\pi_3-\xi$，生产率为 $\varphi_2$ 的企业产量为 $q_2$，利润为 $\pi_2+(n_3\xi)/n_2$，生产创造的总财富 $\Pi_1=\Pi>\Pi''$，所生产总产量 $Q_1=n_2q_2+n_3q_3=Q$。生产率为 $\varphi_2$ 与 $\varphi_3$ 的企业在排污权交易后，生产的产量达到市场均衡时的情形，所以政策制定者将取消对生产率为 $\varphi_1$ 企业的优惠政策，这类企业均生产。在这种情形下，企业污染总量 $Y_1$ 为：

$$Y_1=n_2y_2+n_3y_3=Y<Y'' \tag{4-12}$$

（2）如果 $n_2(\bar{y}-y_2)<n_3(y_3-\bar{y})\leqslant n_2(\bar{y}-y_2)+n_1(\bar{y}-y_1)$，即 $\frac{n_1y_1+n_2y_2+n_3y_3}{n_1+n_2+n_3}\leqslant\bar{y}<\frac{n_2y_2+n_3y_3}{n_2+n_3}$ 时，生产率为 $\varphi_2$ 的在位企业出售剩余的污染权却不能满足生产率为 $\varphi_3$ 的企业对污染权的需求，所以在位企业在排污权交易后仍然不能达到均衡时的产量，所以政策制定者通过补贴等政策鼓励生产率为 $\varphi_1$ 的潜在进入者进入市场。新企业进入市场就能获得污染排放配额并可参与交易，从而生产率为 $\varphi_1$ 的企业也会出售“剩余”的污染权。随着新企业的进入，这类企业提供的污染权逐渐弥补了排污权的缺口，使生产率为 $\varphi_3$ 的企业可以获得所需要的污染权。这时生产率为 $\varphi_2$ 与 $\varphi_3$ 的产量都已达到均衡时的水平，从而政策制定者会立即停止对生产率为 $\varphi_1$ 企业的优惠政策，从而生产率为 $\varphi_1$ 的企业全部退出市场②。此时，生产率为 $\varphi_3$ 的企业产量为 $q_3$，利润为 $\pi_3-\xi$；生产率为 $\varphi_2$ 的企业产量为 $q_2$，利润为 $\pi_2+\xi_2$；生产率为 $\varphi_1$ 的企业产量为 0，利润为 $\xi_1$。根据设定可以看出 $n_1\xi_1+n_2\xi_2=n_3\xi$，生产所创造的总财富 $\Pi_2=\Pi>\Pi''$，所生产的总产量 $Q_2=n_2q_2+n_3q_3=Q$。此时，总污染 $Y_2$ 为：

$$Y_2=n_2y_2+n_3y_3=Y<Y'' \tag{4-13}$$

（3）如果 $n_2(\bar{y}-y_2)+n_1(\bar{y}-y_1)<n_3(y_3-\bar{y})$，即 $\bar{y}<\frac{n_1y_1+n_2y_2+n_3y_3}{n_1+n_2+n_3}$ 时，生产

---

① 这里看出如果污染权费用 $\xi$ 过高，比如 $\xi>\pi_3-\pi'_3$ 时，企业购买污染权所获得的利润要低于不购买污染权，所以污染权交易将毫无意义。不过，在交易成本忽略不计的情况下，出售污染权的理性企业具有动机降低污染权的费用，所以实现污染权交易是有可能的。

② 生产率为 $\varphi_1$ 企业进入市场获得 $\bar{y}$ 排污权，退出市场的时候可出售 $\bar{y}$ 的排污权，但企业退出市场一般认为不具备资格进行排污权交易，即生产率为 $\varphi_1$ 的企业只是在刚进入市场时提供 $\bar{y}-y_1$ 的污染权，下同。

率为 $\varphi_2$ 的在位企业与生产率为 $\varphi_1$ 的潜在进入者出售污染权，依然无法满足生产率为 $\varphi_3$ 的企业所需要的污染量，从而生产率为 $\varphi_3$ 的企业一定无法实现均衡时的产量 $q_3$。假设该类企业支付 $\xi$ 的排污权交易费后，产量上升到 $q''_3$，污染为 $y'_3$，明显有 $q'_3<q''_3<q_3$。出口产品所获得的利润为 $\pi''_3$ 且满足 $\pi'_3<\pi''_3<\pi_3$，除去排污费而获得的利润为 $\pi''_3-\xi$。生产率为 $\varphi_2$ 的企业产量为 $q_2$，利润为 $\pi_2+\xi_2$。对于生产率为 $\varphi_1$ 的企业共进入 $n_1$ 个，生产率为 $\varphi_3$ 的企业购买污染排放权进而提高了产量，所以政策制定者会通过相关措施使部分生产率为 $\varphi_1$ 的企业退出市场[①]来维持均衡产量水平。假设市场上共有 $n'_1$ 个生产率为 $\varphi_1$ 的企业，这类企业生产所获得的利润为 $\pi_1+\xi_1$，退出市场的企业所获利润为 $\xi_1$，且满足 $n_1\xi_1+n_2\xi_2=n_3\xi$。此时，生产创造的总财富 $\Pi_3=n'_1\pi_1+n_2\pi_2+n_3\pi''_3$，由于 $\pi_1<0$，所以 $\Pi''<\Pi_3<\Pi$。生产的总产量 $Q_3=n'_1q_1+n_2q_2+n_3q''_3=Q$，污染总量[②] $Y_3$ 为：

$$Y<Y_3=n'_1y_1+n_2y_2+n_3y'_3<Y'' \tag{4-14}$$

通过分析看出，如果政策制定者在制定企业污染排放配额限制后追求均衡时的总产量，则允许企业之间进行排污权交易可以降低污染（$Y_j<Y''$，其中 $j=1, 2, 3$），但是污染水平却不能低于排污权配额限制前的自由市场情形（$Y_j\geqslant Y$，其中 $j=1, 2, 3$）。同样，生产创造的总财富超过允许排污权交易前的污染排放配额情形（$\Pi_j>\Pi''$，其中 $j=1, 2, 3$），却不能超过自由市场情形（$\Pi_j\leqslant\Pi$，其中 $j=1, 2, 3$）。

## 五、结论与启示

利用异质企业模型作为基本分析框架，验证了政府为企业污染排放设置配额政策的影响。假定企业只有在生产率方面存在差异，生产率高的企业污染排放量更大。如果对企业的污染排放制定配额限制措施，生产率高

---

① 有必要强调的是，不能通过让生产率为 $\varphi_1$ 的企业削减产量来维持总产量，因为生产率为 $\varphi_1$ 的企业可以在污染范围内生产 $q_1$ 产量实现利润最大化（其实是亏损最小化），变动这类企业的产量当然是低效率的，所以可以制定政策让部分企业退出生产。

② 根据 $Q_3=Q$ 看出 $n'_1q_1+n_3q''_3=n_3q_3$，即 $n'_1q_1=n_3(q_3-q''_3)$，从而 $n'_1y_1>n_3(y_3-y'_3)$，有 $n'_1y_1+n_3y'_3>n_3y_3$，则 $Y_3>Y$；$n'_1q_1+n_3q''_3=n_1q_1+n_3q'_3$，即 $(n_1-n'_1)q_1=n_3(q''_3-q'_3)$，从而 $(n_1-n'_1)y_1>n_3(y'_3-\bar{y})$，即 $n'_1y_1+n_3y'_3<n_1y_1+n_3\bar{y}$，从而有 $Y_3<Y''$成立。

的企业在污染配额约束下被迫降低产量，进而导致总产量下降。很多情况下，产量下降是政府的一个困境。如果政策制定者为了维持产量，又对污染没有达到配额的企业制定各种优惠政策来刺激产量，这类企业的生产率相对较低，从而导致生产资源从生产率高的企业向生产率低的企业转移，最终导致企业污染排放总量的增加。如果允许排污权交易，可以适当缓解这种无效率，但是依然无法达到自由市场时的经济效率。特别地，如果政府设定的污染配额极低，即使允许企业之间交易排污权，依然会存在效率损失。

Tang 等（2014）在分析征收污染税及生产性补贴的政策组合时得到，在维持产量不变的前提下，政策实施后资源使用量与污染排放量都会比自由市场情形要低。因此，从环保主义视角看，征收污染税与生产性补贴的政策组合要优于污染排放配额与排污权交易的政策组合。不过，本章得到污染排放配额政策的无效性依赖于政府会竭尽全力维持产量水平。如果放松这个假定，污染排放配额与排污权交易的政策未必一定不可取，因为污染排放配额与排污权交易政策相对容易实施，并且这种政策组合不会对政府财政造成过大的压力。

总之，如果一个国家，比如发达国家对产量并不那么关注，利用污染排放配额政策的确能够降低污染，允许排污权交易也能降低排污配额限制所造成的扭曲。如果一个国家，比如发展中国家依然非常热衷于追求产量，制定排污配额时务必要慎重，因为很可能会造成自相矛盾的结果。尽管排污权交易可以缓解生产扭曲，但是难以达到自由市场情形的经济效率。在这种情况下，中国制造业企业要把五大发展理念贯穿到日常经营决策之中，努力研制清洁生产技术以从根本上解决高污染问题，走出一条符合高质量发展要求的生产与经营路径。

（本章主要内容曾发表于《制度经济学研究》2016 年第 3 期）

# 第五章

# 中国制造业企业进入视角下行业产出的影响因素

在新时代，中国深化“放管服”改革，降低制度性交易成本，努力营造好发展软环境。中国政府要求审批事项应减尽减，确需审批的要简化流程和环节，让企业少费功夫跑审批。在这样的营商大环境之下，中国制造业企业面临着前所未有的发展机遇。任何具有企业家才能的个人，只要符合法律规范，都可以开办企业从事生产与经营活动。换言之，新时代中国制造业企业进入行业相对过去来说较为自由了。对于某个行业来说，总产出是衡量该行业经营表现的主要指标，也是决定这一行业内个体企业发展路径的影响因素。在制造业企业进入行业的制度性门槛越来越低的时期，研究行业总产出如何变化将很有理论与实践意义。鉴于此，本章从中国制造业企业进入视角出发，从理论上阐述影响行业总产出的各种因素。确定了这些因素以后，既可为刺激行业整体表现出谋划策，也可为走出一条符合要求的中国制造业企业发展路径提供借鉴。

## 一、研究背景

现代经济的快速增长给广大民众带来巨大福利。行业是社会生产的组织，企业是社会生产的细胞。生产性行业的总产量既能描述该行业的发展状况，也能衡量该行业对经济增长所做的贡献。如果能够揭示影响生产性行业总产量的各种因素，就能得到刺激经济增长及优化经济发展路径的政策启示。

经济增长理论已经从宏观层面建立了较为完备的理论体系，如新古典经济增长理论及内生经济增长理论等。经济增长由多个行业及无数企业的生产而组成，所以生产性行业的总产量直接贡献于经济增长。对于新生产业，政策制定者乐意通过保护措施来辅助发展，如贸易保护主义者宣称的为了民族新生产业而排斥进口类似产品。Clemhout 和 Wan（1970）从不同学习效应角度分析多组行业中如何保护新生产业问题。对于新生产业保护问题，研究视角一般都会集中于干中学效应。干中学效应意味着随着行业积累的总产量越来越大，该行业所生产的产品边际成本会呈下降趋势。Melitz（2005）构建了从干中学视角研究新生产业保护的福利最大化模型，试图解决何时及如何保护新生产业问题。不过，经济全球化趋势成为当今世界之潮流。贸易自由化亦是不可阻挡之趋势，试图消除贸易壁垒既是每个经济体享受的权利，也是应尽之义务，贸易保护主义违背了 WTO 的宗旨。此外，贸易保护主义既损害贸易伙伴利益，也会让国内民众利益受损，因此很多时候试图保护新生产业的措施很难行得通。如此看来，如果能够寻找相应的政策来刺激生产性行业的总产量，则既能对经济增长做出贡献，也能够保护一些新生产业。

本章主要目的就是寻找能够提高生产性行业总产量的可行政策。为了得到政策启示，首先构建数理模型来理论研究影响行业总产量的各种因素。由于行业是由多个企业组成的，行业中企业数量的多少影响行业总产量，因此本章从企业进入视角来进行理论分析。关于企业进入与退出，杨天宇和张蕾（2009）利用中国 2004 年经济普查数据实证分析制造业企业进入与退出的决定因素。杜传忠和郭树龙（2010）实证检验了中国服务业进入与退出的影响因素。贾俊雪（2014）构建了影响企业进入的税收激励模型，之后实证检验税收激励如何影响企业进入。高雅等（2013）研究企业家政治关系如何影响企业进入行政垄断行业。不过，本章内生化企业进入来进行理论研究。Bilbiie、Ghironi 和 Melitz 三人在研究企业内生进入方面取得突破性成果。Bilbiie 等（2005）提出企业内生进入与产品多样化的经济周期模型[①]。之后，Bilbiie 等（2006）利用该框架分析经济何时才能实现效率，并且基于效率视角提出相应的财政政策。Bilbiie 等（2007）同样利用该框架研究在经济周期中如何行使货币政策。为了方便描述，可以将 Bilbiie、Ghironi 和 Melitz 的三篇文献所构建的基本模型称为 BGM 模型。BGM 模型主要用于考察企业内生进入与商业周期等问题，而本章是基于企业进入视角研究影响生产性行业总产量的各种因素。另外，BGM 模型主要进行 DSGE 分析，本章仅进行比较静态分析。因此，本章并不直接使用 BGM 的基本框

① Bilbiie 等在 2005 年完成该模型，不过在 2012 年才正式发表于 *Journal of Political Economy*。本章为了表明该文献是 Bilbiie 等（2006）与 Bilbiie 等（2007）的研究基础，所以写成 Bilbiie 等（2005），接下来本书其他部分直接引用 Bilbiie 等（2012）。

架，而是借鉴 BGM 模型的相应观点。接下来首先提出在企业内生进入条件下，行业中企业数量的决定机制。

## 二、数理模型

根据 Krugman（1980），代表性消费者的效用函数定义为 $U=\sum_i c(i)^\theta$，其中，$c(i)$ 是代表性消费者对商品 $i$ 的消费数量，$\theta$ 是参数并且满足 $0<\theta<1$。假定商品 $i$ 的价格为 $p(i)$ 并且单位化货币效用，从而对于 $\forall i$，代表性消费者效用最大化的消费决策应该满足 $\frac{\partial U}{\partial c(i)}=p(i)\Leftrightarrow \theta c(i)^{\theta-1}=p(i)$。这样，可以得到代表性消费者所需求的商品 $i$ 的数量为 $c(i)=\theta^{\frac{1}{1-\theta}}[1/p(i)]^{\frac{1}{1-\theta}}$。不妨认为 $\sigma=\frac{1}{1-\theta}>1$，从而 $c(i)=\theta^\sigma[1/p(i)]^\sigma$。

假定经济体中人口为 $N$，因而商品 $i$ 的市场需求为 $d(i)=Nc(i)=N\theta^\sigma[1/p(i)]^\sigma$。为了论述简便，可以假设 $H=N\theta^\sigma$，所以得到：

$$d(i)=H[1/p(i)]^\sigma \tag{5-1}$$

商品 $i$ 的市场销售收入 $r(i)$ 为：

$$r(i)=p(i)d(i)=H[1/p(i)]^{\sigma-1} \tag{5-2}$$

对于产品生产方面，为了简化分析，一般假定单个企业只生产一种产品。Krugman（1979，1980）、Melitz（2003）、Melitz 和 Ottaviano（2008）及 BGM 模型都假定企业生产只需投入一种要素——劳动。本章采用这种做法，不过需要指出关于劳动力供给的假定。Melitz（2003）为了构建一般均衡，假定劳动力供给是完全无弹性的。Bilbiie 等（2006）先从劳动力供给完全无弹性分析市场效率，再从劳动力供给内生化角度来分析市场效率。Costantini 和 Melitz（2007）在构建局部均衡模型时，假定某个行业的劳动力供给满足完全弹性。不过，本章分析生产性行业总产量的影响因素，对单个行业来说，随着劳动力转化的加速，假定经济体对该行业的劳动力供给具有弹性。

关于企业生产率的假定，Krugman（1979，1980）采用代表性企业假定，即假定企业所有特征都是相同的。不过，在 Bernard 和 Jensen（1995）

发现出口企业与内销企业之间存在生产率差异后，Melitz（2003）构建了异质性企业贸易模型，即通过假定企业生产率存在差异来分析出口的相关问题。从同质企业假定到异质企业假定是国际贸易理论研究的一次飞跃。不过，在 BGM 模型中，假定企业是同质的，因为该模型主要考虑企业进入与退出的经济影响。另外，Melitz（2003）证明在异质企业假定下，如果将构建的总体生产率作为同质企业生产率，那么同质企业与异质企业条件下生产结果是类似的。本章仅考虑行业的总体生产状况，所以采用同质企业假定。

根据以上描述，不妨认为企业生产率为 $\varphi$，生产产量为 $q$，而需要投入的劳动为 $l=q/\varphi$。根据研究目的，与 Melitz 和 Ottaviano（2008）及 BGM 模型一样，假定不存在企业生产的固定经营成本。

假定工资为 $w$，从而生产成本 $C=wl=\frac{wq}{\varphi}$。因此，边际成本 $MC=w/\varphi$。根据式（5-1）看出商品的需求价格弹性是 $\sigma$，所以企业依据边际成本加成定价而制定的价格为 $p=MC\cdot\frac{1}{1-1/\sigma}=\frac{w}{\varphi}\cdot\frac{\sigma}{\sigma-1}=\frac{w}{\theta\varphi}$。在市场出清情况下，企业生产达到局部均衡。将企业制定的价格代入式（5-1）得到企业产量为：

$$q=d=H\left(\frac{\theta\varphi}{w}\right)^{\sigma} \tag{5-3}$$

根据式（5-2），得到企业销售收入为：

$$r=H\left(\frac{\theta\varphi}{w}\right)^{\sigma-1} \tag{5-4}$$

企业获得的利润 $\pi=r-C=pq-\frac{wq}{\varphi}=pq-\theta\frac{w}{\theta\varphi}q=pq(1-\theta)=\frac{r}{\sigma}$，将式（5-4）代入得到[①]：

$$\pi=\frac{H}{\sigma}\left(\frac{\theta\varphi}{w}\right)^{\sigma-1} \tag{5-5}$$

① 这里可以看出为何假定企业生产不存在固定经营成本。Melitz（2003）假定企业是异质的，为了构建企业生产率的零利润条件（Zero Cutoff Profit Condition，ZCP），因而需要引入固定经营成本。然而，本章假定企业是同质的，要是再引入固定经营成本，如果 $\frac{H}{\sigma}\left(\frac{\theta\varphi}{w}\right)^{\sigma-1}$ 小于固定经营成本，那么将没有任何企业投入生产。

假设贴现因子为$\beta$，企业生产会遭受外生经济冲击，导致$\delta$比率的企业死亡。因此，企业投入生产所实现的价值为：

$$v = \sum_{t=0}^{\infty}[\beta(1-\delta)]^{t}\cdot\pi = \frac{\pi}{1-\beta(1-\delta)} = \frac{H}{\sigma[1-\beta(1-\delta)]}\left(\frac{\theta\varphi}{w}\right)^{\sigma-1} \tag{5-6}$$

企业进入某个行业需要支付固定沉没成本$f_e$（Melitz，2003；BGM），企业进入或者退出直到满足如下条件：

$$v=f_e \Leftrightarrow \frac{H}{\sigma[1-\beta(1-\delta)]}\left(\frac{\theta\varphi}{w}\right)^{\sigma-1}=f_e \tag{5-7}$$

那么，企业进入或者退出通过什么途径来实现式（5-7）表示的均衡呢？由于$H$、$\sigma$、$\theta$、$f_e$、$\beta$及$\delta$都是外生参数，$\varphi$是企业固定的生产率，所以这些变量在静态分析中是不变的。因此，企业进入或者退出唯有通过调节工资$w$来实现式（5-7）的均衡①。比如，如果式（5-7）的左边超过$f_e$，那么将会吸引更多的企业进入该行业，因而对劳动力的需求会增加。随着行业吸纳的劳动力增加，工资将会提高，直到企业价值降低到$f_e$为止。因此，具有以下内在逻辑：$M\uparrow\Rightarrow w\uparrow\Rightarrow v\downarrow$，其中，$M$是行业中企业数量。用函数表示为$v=v(M)$且$v'(M)<0$。图5-1直观地给出了企业进入或者退出所实现的均衡，其中$E$点是均衡实现的点，对应的$M$就是均衡时企业总数。

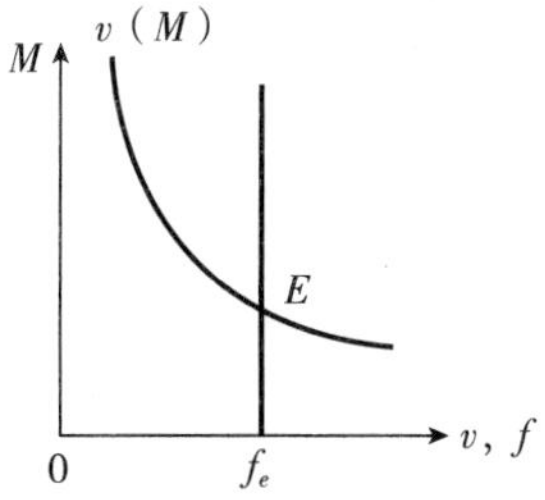


**图 5-1　均衡**

均衡时，行业中企业数量为$M$。由于企业死亡率是$\delta$，那么新进入企业$M_E$满足：$(1-\delta)M_E=\delta M \Leftrightarrow M_E=\frac{\delta}{1-\delta}M$。

对于企业生产，如果行业中企业数量越多，那么对劳动力的市场需求

① 通过调节工资水平来实现均衡，这是本章与Melitz（2003）的主要区别之一。

会增加，进而提高工资水平。单个企业生产会随着工资提高而如何变化呢？根据式（5-3）得到企业劳动力需求为 $l=\frac{q}{\varphi}=H\left(\frac{\theta}{w}\right)^{\sigma}\cdot\varphi^{\sigma-1}$，因而单个企业的劳动力需求曲线如图 5-2 所示。

企业进入对整个行业所雇用的劳动力总数有何影响呢？企业进入之所以提高工资水平，是因为整个行业雇用更多的劳动力。因此，行业面临的劳动力供给（$L$）曲线如图 5-3 所示。根据图 5-3 可以看出，该行业的劳动力供给确实是存在弹性的。另外，可以得到如下逻辑：$M\uparrow\Rightarrow w\uparrow\Rightarrow L\uparrow$，用函数形式表述为 $L=L(M)$ 且 $L'(M)>0$。

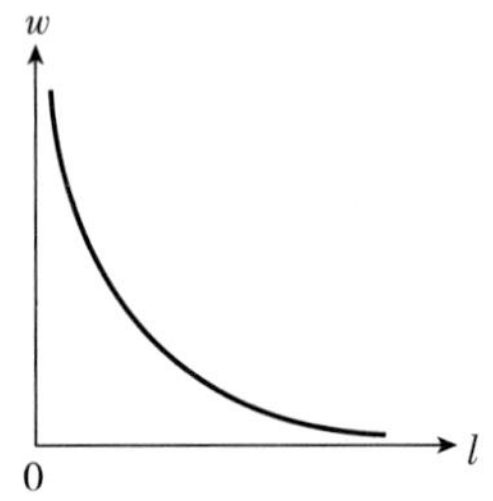

图 5-2　企业劳动力需求曲线

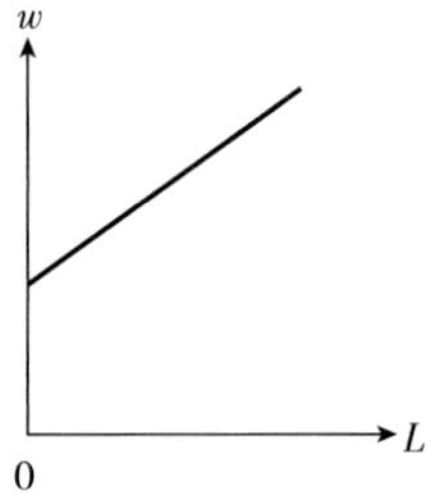

图 5-3　行业面临的劳动力供给曲线

图 5-2 与图 5-3 所表示的经济关系非常简单，但是其内在逻辑非常耐人寻味。随着企业进入而导致工资水平提高，尽管单个企业所雇用的劳动力会随着工资上升而下降，但是整个行业所雇用的劳动力总数会增加。

根据式（5-3）看出单个企业产量会随着企业总数增加而下降，因为工资水平提高了。整个行业的总产量如何随着企业数量增加而变化呢？根据同质企业假定，所有企业的生产率均为 $\varphi$，进而行业总产量 $Q=\varphi\cdot L=\varphi\cdot L(M)$。由于 $L'(M)>0$，从而 $Q'(M)>0$。因此，行业总产量随着企业数量增加而提高。

接下来，利用该模型分析影响生产性行业总产量的各种因素。

## 三、机理阐述

很多经济体，特别是发展中国家依然非常重视生产性行业为经济增长所做的产量贡献。另外，为了帮助新生产业更健康地成长，刺激行业总产量也不容忽视。根据前文描述，如果行业中企业数量越多，行业所雇用的劳动力及总产量也就越大。因此，可以通过寻找均衡时企业数量的影响因素来揭示影响行业总产量的因素。根据图 5-1，可以发现以下因素能够影响企业数量，进而影响行业总产量。

首先，企业生产所需支付的固定沉没成本 $f_e$ 下降，即图 5-1 中的垂直线 $f_e$ 向左移动，企业数量增加，进而行业总产量增加。理论上 $f_e$ 下降刺激行业总产量增加，那么导致 $f_e$ 下降的可行政策有哪些呢？如果政府降低企业进入行业的管制或者降低行政审批所造成的壁垒，企业生产的固定沉没成本就会降低。

其次，图 5-1 中 $v(M)$ 曲线移动也会影响均衡时的企业数量。由于向下倾斜的 $v(M)$ 曲线所包含的内在逻辑是 $M\uparrow \Rightarrow w\uparrow \Rightarrow v\downarrow$，所以影响 $v(M)$ 曲线移动的因素包括参数 $H$、$\sigma$、$\theta$、$\beta$ 及 $\delta$ 变化，或者企业生产率 $\varphi$ 变化[①]。以下分别讨论这些参数变化如何影响企业数量：

（1）$\sigma$ 与 $\theta$ 的变化。理论上，这两个参数变化能够影响企业数量进而影响行业总产量。不过参数 $\sigma$ 与 $\theta$ 主要描述的是需求市场上的产品特征，所以难以直接运用政策去改变这些参数。

（2）贴现因子 $\beta$ 提高导致 $v(M)$ 曲线向右移动，企业均衡数量会增加。什么政策可以导致贴现因子下降呢？如果政策可以使利率下降，那么该政策就能增加均衡时企业数量。在经济周期理论中，当经济不景气时，试图降低利率的宽松货币政策可以刺激产出。因此，这里得到一个解释宽松货币政策刺激产出的微观机制。

（3）企业死亡率 $\delta$ 下降导致 $v(M)$ 曲线向右移动，企业均衡数量会增加。企业死亡率一般受到宏观经济总体形势的影响。经济低迷时，企业死亡率相对较高；经济相对稳定时，企业死亡率较低。因此，政府致力于维持宏观经济的稳定，这样可以避免更多企业的死亡，企业数量增加，进而增加行业的总产量。

（4）$H=N\theta^{\sigma}$ 增加导致 $v(M)$ 曲线向右移动，企业均衡数量会增加。由于 $\sigma$ 与 $\theta$ 很难变化，所以人口总数 $N$ 增加会增加行业总产量。不过，人口

① 这些变量在静态分析中是不变的，而在比较静态分析中可以假定这些变量变化，进而可以比较静态均衡结果间的差异。

增加既会刺激行业生产，又会导致整个经济对产出需求压力的提升。对于生活必需品，比如贫困国家的食品，人口增加会导致这类商品需求急剧增加，从而该经济体会将大量资源投入到生活必需品中。这会导致该经济体产业结构更加不平衡，最终加剧贫困。总之，很少有经济体试图通过增加人口来刺激行业生产。

（5）企业总体生产率 $\varphi$ 提高导致 $v(M)$ 曲线向右移动，企业均衡数量会增加。企业生产技术进步能够增加行业总产量，因此政府非常重视企业生产力的解放，也为此投入大量科技资源。拿中国来说，21 世纪初的这十几年，研发经费有了巨额增长。在 2000 年，中国研发经费是 896 亿元，占当年 GDP 的 1.0%①。本书第二章就提到中国在 2017 年的研发经费总量为 17606.1 亿元，占当年 GDP 的 2.13%②。随着中国在科技创新上的不断努力，我国企业生产技术获得了巨大发展。尽管对部分企业来说，总体生产技术进步也是一种挑战，因为存在技术侵蚀利润现象（汤二子等，2013）。本书第二章给出了企业避免死亡的“药方”，那就是努力提升自身的生产率，使相对生产率拥有优势。在刺激行业总产量方面，总体生产率的提升无疑能够发挥应有作用。

这一部分通过比较静态分析研究了影响行业总产量的各种因素，进而得到刺激行业生产的政策启示。

## 四、结论

利用同质企业假定及 BGM 模型中有关企业内生进入的观点，本章提出了通过工资调整来研究企业进入与退出如何影响行业总产量。通过研究发现，随着企业不断进入，整个行业所雇用的劳动力会上升，进而造成工资上涨。随着工资成本增加，企业利润及总价值均会下降。当企业总价值等于投入生产的固定沉没成本时，企业进入或者退出就会停止。尽管企业均衡数量增加会使单个企业的产量下降，却能带来整个行业总产量的增加。根据比较静态分析发现，企业生产的固定沉没成本下降、贴现因子提高、

---

① 资料来源于《2000 年全国 R&D 资源清查主要数据统计公报》。

② 资料来源于《2017 年全国科技经费投入统计公报》，参见：http：//www.stats.gov.cn/tjsj/zxfb/201810/t20181009_1626716.html。

企业死亡率下降及企业总体生产率提高都会导致企业均衡数量增加，进而促进行业总产量的增加。

通过理论研究，可以得到如下政策启示：如果某一政策可以让更多企业进入某行业，那么该政策就可以刺激行业总产量的增加；如果政府降低企业进入壁垒，比如简化一些不必要的烦琐手续，则企业投入生产的固定沉没成本降低，企业数量增加，进而刺激行业总产量的增加；如果政府提高贴现因子，比如利用相对宽松的货币政策降低利率，则企业均衡数量也会增加并带动行业总产量增加；如果政府可以维持宏观经济的稳定，则企业生产所受到的外在干扰较小，均衡时企业数量会增加，从而增加行业总产量；如果政府解放生产力，加大科技创新投入，则会提升企业总体生产率，企业均衡数量会增加，从而导致行业总产量的增加。在确定了影响行业总产出的各种因素以后，中国制造业企业应该重视这些影响行业整体生产绩效的因素，结合自身的经营状况与产品特点，合理利用各种有利条件，有效排除各种不利影响，努力走一条能让自身稳定发展的经营路径。

（本章主要内容曾发表于《财经科学》2015 年第 4 期）

第六章

# 中国制造业企业隶属行政级别对出口的影响

本书前五章主要在理论上研究了涉及中国制造业企业发展路径的相关议题，凝练出生产率提升、出口贸易、研发、技术创新、制度门槛等能够影响企业发展的各种因素。本书后四章主要从中国经验数据出发，实证研究一系列涉及中国制造业企业发展的议题。

在经济全球化趋势下，出口贸易是中国制造业企业必须勇敢参与的经营决策，而影响企业出口贸易的因素非常多，诸如前面章节业已介绍的生产率及和生产率相关的研发创新活动等。在中国经济大环境下，企业与政府之间的亲清政商关系也是影响中国制造业企业经营决策的因素之一，其中就包含出口贸易。鉴于此，依据所拥有的数据资源特点，本章首先研究中国制造业企业隶属的行政机构级别如何影响出口贸易。厘清两者之间的关系，对于政府部门如何帮助中国制造业企业稳步向前发展可提供借鉴。

## 一、研究背景

在中国特色政治与经济运行环境下，多数企业都会隶属于某一行政机构。在《单位隶属关系代码》中，企业隶属关系共分为“中央”、“省”、“市或地区”、“县”、“街道或镇或乡”、“居民或村民委员会”与“其他”七大种类[①]。隶属行政机构级别象征着企业所属地位及与之相联系的政治影响。在日常经营与管理中，企业会向各级行政机关申请办理各种事务。在这一过程中，隶属行政机构级别较高的企业一般会具有多种优势，比如审批便利等，从而对企业经营绩效做出贡献。在国民经济中，隶属行政机构级别越高的企业一般越注重国家治理中的政治与经济导向。各级政府机构对待隶属不同行政级别企业的态度不同，同时地方政府会竭力保护隶属自

① 资料来源于 http：//www. stats. gov. cn/tjsj/tjbz/200611/t20061123_8661. html。

身的企业。

在经济全球化迅猛发展的当今世界，国际贸易成为各个开放经济体寻求发展的战略之一。在微观企业经营层面，参与出口同样是多数企业寻求发展的一大决策。前沿的异质性企业贸易理论阐述了企业参与出口的决定机制及其影响，认为企业参与出口需要具备经营方面的优势才能弥补进入出口市场的巨额固定成本所带来的冲击，其中是否具有生产率优势是研究的切入点（Melitz，2003）。沿着生产率思路，只要生产性企业在某些活动中获得生产率的提升，那么这些行为对开拓出口贸易就具有积极影响，比如企业创新活动提高生产率进而促进出口（汤二子，2016）。如果挣脱生产率视角的藩篱，企业其他方面的优势也会对出口贸易产生影响，如融资约束等（Chaney，2016）。在中国特色政治与经济环境下，隶属行政机构级别会对企业经营产生各种影响。即使企业生产率保持不变，如果更高隶属关系对企业经营产生了正向作用，那么更高隶属关系就成为企业经营上的优势之一，理应会对企业出口决策产生影响。

企业隶属行政机构级别高低究竟会对出口贸易产生何种影响，暂且没有引起研究者的关注。准确回答这一问题具有理论与现实上的重要意义，在中国特色的政治与经济环境下更是如此。以异质性企业贸易理论为分析框架，本章阐述企业隶属行政机构级别与出口行为之间的关系，同时提出在中国特色情境下的理论拓展。在理论研究之后，本章利用 2008 年《中国工业企业数据库》中的制造业样本进行实证检验，厘清企业隶属不同行政机构影响出口贸易的原动力具有何种差异。

## 二、机理阐述

前沿国际贸易理论通过微观企业视角研究出口的决定机制问题。企业出口并非“免费的午餐”，参与出口需要支付相应的沉没成本。出口成本一般分为两类：其一是出口运输成本；其二是出口市场的固定进入成本。出口运输成本受到出口国距离、产品种类及交通便利等状况的影响，其中 Samuelson（1954）提出的“冰山”成本是分析出口运输成本的基本框架。企业出口运输成本可以转嫁到出口目标市场中的商品价格之中，故对企业出口参与决策的影响并不太大。然而，基于调研国外市场结构、市场管理规制及商品需求特点等形成的出口市场固定进入成本（Roberts and Tybout, 1997）是制约企业出口决策的主要障碍。Melitz（2003）构建了异质企业贸易模型，认为只有生产率相对较高的企业才能应对数额巨大的出口固定成本并实现出口盈利。因此得到"生产率高的企业出口，生产率低的企业不出口"这一推论。企业生产率越高意味着经营规模越大（因为产量更高），从而推导出企业规模也会影响出口决策。马林海和张群群（2014）就指出，企业规模越小越倾向于间接出口，而企业规模越大越倾向于直接出口。生产率高或者经营规模大的企业选择出口，体现了企业拥有的某些"能力"的高低影响其选择出口的决策。依据企业出口成本视角，中国本土企业选择从事对外出口贸易，需要通过注册申请以获取进出口经营权。企业在办理进出口经营权时会与很多部门交涉，如商务局、所在区县国税局与地税局、所属区县管辖海关、出入境检验检疫局、外汇管理局及海关中国电子口岸等①。这种较为烦琐的出口注册程序，意味着企业进入出口市场支付的固定成本巨大。如果企业隶属行政机构级别较高，其所隶属的行政机构可能是负责办理出口手续相关部门的上级机关，从而企业会相对容易地获取出口经营权。在中国中央政府鼓励企业参与出口的经济背景下，拥有进出口经营权的生产企业从事出口货物贸易可以享受免、抵、退税等政策优惠。马捷和李飞（2008）指出，本国企业会通过政治捐赠而游说政府，以求制定有利于自身经营的政策。对于中国出口退税贸易政策，政府是基于关注本土企业经营盈利状况而制定的，从而具有稳健性。尽管中国不允许利益集团公开对政府制定政策施加外在影响，然而王孝松和谢申祥（2010）认为，中国出口退税政策是政府同时兼顾国家利益与其他各种利益相关群体的一种折中结果，让国家整体利益与利益集团利益交织在一起。在享受出口优惠政策时，企业隶属的行政机构级别越高，所赋予的政治势力与话语权越会得到充分的发挥。这种出口退税优惠政策意味着企业出口的"冰山"成本降低，从而会增加出口贸易量。在新时代，全面深化改革致力于构建亲清政商关系以服务于全面建成小康社会，从而政府机关即使帮助企业发展，也会立足于国情需要，比如会扶持有利于带来高质量绿色发展的企业而非扩大生产并造成严重污染的传统企业。这样的新型政商关系可能让过去依赖于隶属机构级别带来的出口便利性有所降低，但其间接影响依然是

① 详情参见：http：//chuangye. yjbys. com/zhidao/gongsizhuce/538454. html。

存在的。

企业隶属行政机构级别越高，参与出口贸易的概率越高，因为这些企业所具备的政治优势在中国市场环境下会产生某些作用以刺激出口。如果在中国国民经济运行总体范围内考察这一问题，企业隶属行政机构级别对出口贸易的影响会出现一些新情形。中国实行改革开放至今，获得的巨大制度红利就是确立社会主义市场经济体制，努力让市场在资源配置中起决定性作用。鉴于我国社会主义基本政治制度及特殊国情，公有资产占社会总资产较大比例且国有经济控制国民经济命脉。因此，政府会通过各种经济调节手段影响企业，甚至对能够影响国计民生的部门直接进行干预，如邮电、铁路、军工及金融等行业（齐燕山，1994）。某些行业中的企业，可能会因为自身产品特点而难以出口，如服务性商品，也可能因为受到国家管制而不被准许出口。如果企业所生产的商品涉及国家核心科学技术，那么这些企业的出口必然会受到某些约束，因为这些企业产品所内含的科学技术是综合国力的构成要素，甚至会关系到国家安全。这些影响国计民生或者具备前沿生产技术的中国本土企业，其所隶属的行政机构级别一般都比较高，很可能隶属于中央。从这一层面来看，企业隶属行政机构级别和参与出口贸易呈负向联系。另外，对于两个完全相同的企业，如果一个隶属于基层，另一个隶属于高层，隶属基层的企业在进入出口市场以后，会极其珍惜出口贸易的盈利机会，积极开拓国外市场；对于隶属高层的企业，在国内市场所存在的各种政治优势无法体现在国外市场，从而对出口市场可能会持消极态度。这种特殊状况尽管在理论研究中不具有一般性，然而在中国特色市场环境中，这一问题具有现实意义，因为国有企业相对缺乏创新进取意识的问题始终没有得到彻底解决。

总之，当企业隶属更高行政机构级别时，中国特色政治与经济环境决定着这些企业具有更加强大的市场能力。出口相对于国内销售所具有的更高固定进入成本意味着市场势力更强的企业更有机会从事出口。然而，中国社会与经济环境中的某些大型企业，特别是涉及国计民生或者核心竞争力的企业，一般会隶属于较高行政机构级别，但是它们对经济与社会发展的重要性很可能使其不能参与出口。换言之，隶属行政机构级别高低对企业参与出口的影响具有两面性。

对于已经参与出口的企业，隶属更高的行政级别与更大的出口交易额一般会同时出现，但不能代表企业隶属行政机构级别越高，增加出口贸易的原动力就越强。在中国市场环境下，企业隶属行政机构级别越高，一般自然地拥有更大规模。规模越大，企业在出口市场上的销售量自然会更大。这种并不是由隶属行政机构级别产生的政治势力，而是企业拥有更大规模增加了出口贸易量，这种影响不能归为企业隶属行政机构级别所产生的作用。因此，企业隶属行政机构级别影响出口贸易具有何种原动力，需要通过实证检验予以解答。接下来利用 2008 年《中国工业企业数据库》进行实证检验来回答这一问题。

## 三、数据介绍与基本统计

在中国企业出口相关实证研究中，本书第一章业已介绍的《中国工业企业数据库》使用频次非常高，它是国家统计局根据企业上缴的统计年报经过整理与记录而得到的。根据研究特点，本章利用 2008 年《中国工业企业数据库》进行实证检验。尽管其数据存在时间上的滞后性，但是微观企业大样本数据所得到的估计结果依然具有可信性。由于 2008 年数据较为独特，所以此处详细介绍一下该年的数据库特点。2008 年共有 412212 个企业样本。该数据库按照二分位代码共将行业划分为 39 个，其代码分别为 06~46（没有 12 与 38），而 2008 年也没有行业 33（有色金属冶炼及压延加工业）。这些行业分为三大行业门类，2008 年的数据中 6 个为采矿业（06~11）、29 个为制造业（13~43，无 33 与 38），以及 3 个为电力、燃气及水的生产和供应业（44~46）。对于企业隶属行政级别来说，央企可能更多集中于某些非制造业企业，比如采矿业等，因而这类企业的出口决策与其隶属行政级别的关系可能与制造业略有不同。李春顶（2010）指出，制造业企业出口较为典型，对于采矿业来说，出口一般不是这类企业的典型行为。就拿中国具有能源储藏优势的煤炭来说，中国在 2008 年以后，煤炭净进口快速增加使中国本土煤炭生产对煤炭供给的满足程度逐渐下降（Tang and Peng，2017）。在中国的货物出口贸易中，工业制成品占据着重要的地位，而一般隶属于制造业的加工贸易是中国货物出口的典型特征，因而如同李春顶（2010）等的做法，选取制造业样本进行实证检验，共计有 385594 个样本。此外，根据数据库所记录的“营业状态”，删除所有不是“营业”状态的样本，共计删除 7883 个。

该数据库利用代码记录了企业的隶属关系，其中10、20、40、50、61、62、63、71、72、90分别表示中央、省、地区、县、街道、镇、乡、居委会、村委会与其他。在这些样本中，有300654个企业的“隶属关系”记录为“其他”，约占79.6%。为什么会出现这种情况及“其他”到底代表什么，会对研究产生干扰。在中国混合经济体制内，大部分企业难以辨析自身到底隶属于哪个行政机构，从而填写“其他”来表示隶属关系。由于这些样本所包含的信息非常模糊，难以用于实证检验，故删除。这步样本筛选以后还剩下77057个样本，这一样本容量足以进行计量检验。该数据库记录了企业的“出口交货值”变量，该值大于0意味着企业参与了出口，该值等于0意味着企业只进行内销。对于企业出口行为，存在部分企业在不同年份中具有不同出口状态的情况。比如说某些企业刚刚参与出口，那么在数据库中则表现出该企业在刚记录其具有出口行为的年份具有大于0的出口交货值，在这一年之前该企业的出口交货值则等于0。同样也存在部分企业由出口变为不出口，那么从改变的年份作为基准年来看，前面的年份中具有正的出口交货值，后面的年份出口交货值等于0。更有甚者，极少部分企业的出口交货值在不同年份随机跳跃在0与某些正数之间。企业非连续的出口行为状态对于实证检验会造成一些困难，但是该数据库单个年份如2008年的数据具有大量样本，样本筛选时删除隶属关系为“其他”的企业也有助于减少异常样本点的影响，所以实证检验结果还是具有可信性的。表6-1概述了企业隶属不同行政机构级别，其出口企业个数及出口均值等情况。为了便于论述及与《单位隶属关系代码》保持一致，将隶属于街道、镇与乡的企业合并为一组，将隶属于居委会与村委会的企业合并为一组。

**表6-1　数据基本统计**

| 行政级别 | 中央 | 省 | 地区 | 县 | 街道、镇、乡 | 居委会、村委会 |
|---|---|---|---|---|---|---|
| 非出口样本数（个） | 1836 | 3888 | 12063 | 21067 | 19219 | 4261 |
| 出口样本数（个） | 619 | 1468 | 4050 | 3371 | 3937 | 1278 |
| 出口样本比率 | 0.252 | 0.274 | 0.251 | 0.138 | 0.170 | 0.231 |
| 出口均值（千元） | 468009 | 263574 | 129133 | 89629 | 74048 | 63796 |

注：出口均值是指出口企业样本的出口交货值的平均值，单位为千元。

从表6-1看出，大多数企业隶属的行政机构是地区、县、街道、镇、乡，其次是省、居委会、村委会，隶属中央的企业最少。有关企业出口情况，隶属于省的企业出口比率最高，达到 27.4%，而隶属于县的企业出口比率最低，仅为 13.8%。从隶属县的企业作为基准点来看，隶属更高政府机关的企业具有更大的出口参与率，同时隶属中央、省与地区的企业出口参与率比较接近，均在 1/4 左右。隶属街道、镇、乡这个层面的企业出口参与率与隶属县的企业较为接近，是在所有隶属类型的企业当中属于出口参与率最低的两种。相对来说，较为令人惊奇的是隶属居委会、村委会这类最基层政府机关的企业出口参与率超过了隶属于县及街道、镇、乡层级的企业。这种情况让人无法准确地总结出企业出口参与率与隶属行政机构级别之间的关系。如果把从隶属中央到居委会、村委会这六个层级分别赋值为 6、5、4、3、2、1 的话，与其分别对应的出口参与率之间的相关系数是 0.5308，从而总体趋势是企业隶属行政机构级别越高，企业出口参与率相对较高。对于企业出口交易规模，企业隶属行政机构级别越高，出口贸易营业额越高。不过，这不能作为企业隶属行政机构级别对刺激出口贸易交易量具有原动力的经验证据，因为存在其他同时影响两者的外在因素，比如企业自身的经营规模。为了厘清企业隶属行政机构级别对出口贸易究竟有何影响，接下来通过控制更多的变量进行实证检验。

## 四、研究设计

从两个维度检验企业隶属行政机构级别如何影响出口贸易：其一是检验隶属行政机构级别如何影响企业所做的出口决策；其二是检验隶属行政机构级别如何影响企业出口贸易规模。对于企业出口决策，构建出口虚拟变量 $EX=\{0,\ 1\}$，如果企业“出口交货值”大于 0，那么 $EX=1$，$EX=0$ 则意味着企业“出口交货值”等于 0。对于解释变量，将隶属于居委会、村委会的企业作为基准变量，分别构造虚拟变量 *ZYS*、*SS*、*DQS*、*XS*、*JZXS* 来表示隶属于中央、省、地区、县及街道、镇、乡的企业。

为了准确检验隶属行政机构级别高低对企业出口贸易的影响，需要控制其他影响企业出口并与企业隶属行政机构级别有联系的因素。根据数据库变量特点及已有研究成果，分别控制以下变量：

（1）企业生产率。异质性企业贸易理论就是以生产率差异性为视角去解析企业出口的决定因素（Melitz，2003）。存在多种方法计算企业生产率（鲁晓东和连玉君，2012），本书第一章在检测中国制造业企业“出口—生产率悖论”时，构建了一种被命名为“投入成本生产率”的计算方法。在本章，重新采用业已形成且得到广泛使用的全要素生产率计算方法。根据C-D 函数，假定 $Q=AK^{\alpha}L^{\beta}$，其中 $Q$、$K$、$L$ 分别表示企业总产出、资本、劳动力。数据库中所统计的“工业总产值（当年价格）”、“资产总计”与“全部从业人员年平均数”可用于代理 C-D 函数中的三个变量。由于《中国工业企业数据库》记录的是全部国有及规模以上（年销售收入超过 500 万元）非国有企业样本，所以绝大部分企业的工业总产值应该较高。为了避免异常样本对检验造成的消极影响，删除所有工业总产值低于 100 万元的样本。再删除个别资产总计为负或为 0 的企业样本，因为这不符合实际生产情形。根据谢千里等（2008）的方法，删除全部从业人员低于 8 人的样本。对数化 C-D 生产函数得到 $LnQ=LnA+\alpha LnK+\beta LnL$，利用筛选后的样本估计该方程得到 $LnQ=3.4565+0.5397 \cdot LnK+0.3371 \cdot LnL+\hat{\varepsilon}$，其中系数都能通过 1%的显著性检验，并且 $R^2=0.6589$，$N=76552$。根据估计结果算出企业全要素生产率 $TFP$ 为 $TFP=LnQ-0.5397 \cdot LnK-0.3371 \cdot LnL$。在算出的企业生产率中，有 38 个小于 0，由于偏离生产实际情况而删除。

（2）企业盈利状况。企业参与出口的主要激励就是追求更高利润，从而企业经营的盈利状况会影响其出口决策。如果企业盈利状况良好，企业管理者会有更多精力来研究国际化战略决策，难以想象一个经营糟糕且利润恶化的企业会去考虑出口决策。同样，少数情况下良好的盈利状况对出口产生不利影响，比如如果企业管理者缺乏企业家精神，那么很可能会满足于国内市场上可观的经营利得，从而对国际化战略缺乏进取意识。数据库中记录了企业“利润总额”变量，构造利润规模变量 $PRO=\mathrm{sgn}(profit)\ln(|profit|+1)$，其中 sgn（·）是符号函数，$profit$ 代表企业的“利润总额”（汤二子等，2012）。企业“利润总额”存在负数与 0 的情况，这并不有悖于实际经营状况，因为企业存在亏损或者不盈利情形。

（3）企业规模。在企业隶属行政机构级别如何影响出口贸易的理论分析中，企业规模经常作为两者联系的桥梁。如果隶属行政机构级别越高的企业“先天”具有更大规模使其更具能力参与出口，这种强劲的出口参与能力不能成为企业隶属行政机构级别高而促进出口的证据。要想厘清企业隶属行政级别对出口贸易的影响，应该在企业规模保持不变的条件下进行检验。2008 年《中国工业企业数据库》对企业规模进行了分类记录，分别为大型（代码：1）、中型（代码：2）与小型（代码：3）。直接使用代码数字表示企业规模 *size*，其中 *size* 取值越小意味着企业规模越大。

（4）企业税收规模。税收对企业出口贸易的影响比较复杂，税收负担越重，企业经营业绩会越低，可能会抑制出口。不过，税负加重也会激励企业参与出口以求获得税收优惠政策来缓解税负压力。在考虑企业隶属行政机构级别时，由出口而得到的税收优惠效应可能会更大。数据库中记录了企业的“应交所得税”变量，先删除应交所得税为负值的样本，构造税收规模 $TS=Ln(tax+1)$，其中 *tax* 是企业应交所得税数值。

（5）企业控股情况。该数据库对企业“控股情况”记录了三种，分别为国有绝对控股（代码：1），国有相对控股（代码：2）与其他（代码：9）。经过筛选后的 2008 年企业“控股情况”的代码却有 6 个，分别为 1、2、3、4、5、9，其中原因应该是采用了更详细的“控股情况”分类标准。宋凌云和王贤彬（2013）指出，详细“控股情况”应该分为国有控股、集体控股、私人控股、港澳台商控股、外商控股及其他。无论这些代码指代什么，可以粗略构建国有绝对控股虚拟变量 $GYKG=\{0,1\}$，当“控股情况”代码为 1 时，$GYKG=1$，在其他情况下 $GYKG=0$。

（6）企业成长年龄。数据库中记录了企业的“开业（成立）时间：年”，利用 2008 减去这个数值算出企业年龄变量 *age*。根据所构造的变量，表 6-2 报告了他们的描述性统计结果。

**表 6-2 描述性统计**

| 变量 | *EX* | *TFP* | *PRO* | *size* | *TS* | *GYKG* | *age* |
|---|---|---|---|---|---|---|---|
| Mean | 0. 1912 | 3. 4581 | 4. 5358 | 2. 8392 | 2. 9378 | 0. 1365 | 10. 2308 |
| Median | 0 | 3. 4369 | 6. 5525 | 3 | 2. 4849 | 0 | 7 |
| Maximum | 1 | 8. 6355 | 16. 3081 | 3 | 14. 7753 | 1 | 408 |
| Minimum | 0 | 0. 0030 | -16. 4435 | 1 | 0 | 0 | 0 |
| Std. Dev | 0. 3933 | 0. 8273 | 5. 7424 | 0. 4075 | 3. 1076 | 0. 3433 | 11. 5822 |
| N | 76215 | 76215 | 76215 | 76215 | 76215 | 76215 | 76215 |

从表 6-2 看出，在对数化处理措施下，大部分变量的标准差较小，进而有益于实证检验。不过，企业年龄变量 *age* 相对其他变量具有更大的标准

差。企业年龄最大值达到408，超过100年共有37个，不妨删除这些样本以尽量降低异常样本所产生的影响。利用筛选后的样本检验以下方程来估计企业隶属行政机构级别对参与出口贸易决策的影响：

$$EX_i = C+\beta_1 ZYS_i+\beta_2 SS_i+\beta_3 DQS_i+\beta_4 XS_i+\beta_5 JZXS_i +\gamma_1 TFP_i+\gamma_2 PRO_i+\gamma_3 size_i+\gamma_4 TS_i+\gamma_5 GYKG_i+\gamma_6 age_i+\varepsilon_i \tag{6-1}$$

其中，$i$ 表示企业样本，$\varepsilon_i$ 是残差。

对于已经参与出口的企业，隶属行政机构级别越高相对具有越高的出口交易量（见表6-1）。为了验证这一结果是否因为企业隶属行政机构级别造成的，选用其中的14554个“出口交货值”大于0的样本，构造企业出口规模变量 $ES=\ln(Q_x)$，其中 $Q_x$ 是企业的“出口交货值”，估计以下方程：

$$ES_i = C+\beta_1 ZYS_i+\beta_2 SS_i+\beta_3 DQS_i+\beta_4 XS_i+\beta_5 JZXS_i +\gamma_1 TFP_i+\gamma_2 PRO_i+\gamma_3 size_i+\gamma_4 TS_i+\gamma_5 GYKG_i+\gamma_6 age_i+\varepsilon_i \tag{6-2}$$

通过估计方程（6-1）与方程（6-2）能够得到企业隶属行政机构级别高低对出口决策与出口规模的影响。为了在总体上检验企业隶属行政机构级别高低对出口贸易的影响，可以按照企业隶属关系直接构造行政级别变量 $XZJB$。借鉴隶属于居委会与村委会的企业作为基准组的做法，可以对行政级别变量 $XZJB$ 按照以下方式进行赋值：如果企业隶属居委会或者村委会，那么 $XZJB=0$；如果企业隶属于街道、镇或者乡，那么 $XZJB=1$；如果企业隶属于县，那么 $XZJB=2$；如果企业隶属于地区，那么 $XZJB=3$；如果企业隶属于省，那么 $XZJB=4$；如果企业隶属于中央，那么 $XZJB=5$。其实，行政级别变量 $XZJB$ 就是虚拟向量组的一个线性组合，即 $XZJB=5ZYS+4SS+3DQS+2XS+JZXS$。变量 $XZJB$ 取值越高，意味着企业隶属的行政机构级别越高。估计以下方程检验隶属行政级别高低与企业出口贸易的关系：

$$Y_i = C+\beta XZJB_i+\gamma_1 TFP_i+\gamma_2 PRO_i+\gamma_3 size_i+\gamma_4 TS_i+\gamma_5 GYKG_i+\gamma_6 age_i+\varepsilon_i \tag{6-3}$$

其中，因变量 $Y$ 分别表示企业出口虚拟变量 $EX$ 与出口规模 $ES$。

## 五、检验结果

方程（6-1）是0-1形式的限值因变量，分别进行OLS回归（线性概率模型，LPM）及Logit与Probit极大似然回归（二值响应模型），估计结果报告在表6-3中。由于OLS、Logit模型及Probit模型估计系数的符号及显著性相同，从而检验结果是稳健的。尽管这些系数的估计值不能直接比较，其中Logit与Probit模型的极大似然估计系数需要乘以某个比率才可与OLS估计系数进行比较，更复杂的是这一比率并非固定（伍德里奇，2010）。对于绝大多数实证研究来说，仅仅关注系数估计值的符号及显著性即可。对于估计系数来说，比如OLS估计得到$\beta_1=-0.0513$且在1%的水平下显著，这个估计值可看成是在其他条件不变的情况下，隶属于中央的企业相对隶属于非中央的企业来说，出口参与率大约下降5.13%。在构建的虚拟变量组中，这一系数估计值又可以用于和基准组进行比较，从而得到相对来说更加准确的估计效果，即相对于隶属居委会、村委会的企业来说，同等情况下（控制变量决定的）隶属中央的企业出口参与率要低5.13%左右，而且这种差异在统计上是非常显著的。隶属于省的企业相对隶属于居委会或村委会的企业具有更高概率进行出口，但是差异并不显著。隶属于地区的企业相对基准组从事出口的概率较低，不过差异也不显著。如果企业隶属中央、县或者街道、镇、乡，相对基准组的企业，从事出口的概率要低，并且这种差异具有显著性。将企业出口虚拟变量*EX*作为方程（6-3）的因变量进行检验，得到的结果报告在表6-4中。根据估计系数看出行政级别*XZJB*变量与*EX*呈显著的正相关关系，这表明企业隶属行政机构级别越高，总体上会有越高的概率从事出口。这一估计结果与方程（6-1）的检验是否矛盾呢？应该不矛盾，原因如下：尽管隶属中央、县及街道、镇、乡的企业相对基准组企业具有较低的概率从事出口，隶属于县的企业从事出口的概率最低。因此，企业隶属行政机构级别与出口决策在总体上呈正向关系应该得益于县级以上机构对所属企业参与出口的刺激要超过县级以下机构对所属企业从事出口贸易的激励。对于控制变量的估计系数，需要强调企业规模*size*的系数为负并在1%的水平下具有显著性，意味着规模越大的企业越有可能参与出口，因为变量*size*越小意味着企业规模越大。总结得到：

总体上看，企业隶属行政级别越高，参与出口的概率越高。具体来看，隶属于省的企业最高，隶属于居委会、村委会的企业次之，随后是隶属于地区企业及隶属于街道、镇、乡的企业，更低的是隶属于中央的企业，最低的是隶属于县的企业。

**表 6-3　检验结果**

| 变量 | 出口虚拟变量 *EX* | | | 出口规模 *ES* |
|---|---|---|---|---|
| | OLS | Logit | Probit | OLS |
| 常数项 *C* | 0.9328***<br>(0.0142) | 2.4744***<br>(0.0909) | 1.4383***<br>(0.0528) | 10.9786***<br>(0.1208) |
| 中央属 *ZYS* | -0.0513***<br>(0.0103) | -0.3225***<br>(0.0690) | -0.1762***<br>(0.0397) | -0.4880***<br>(0.0935) |
| 省属 *SS* | 0.0101<br>(0.0079) | 0.0465<br>(0.0507) | 0.0335<br>(0.0294) | -0.2842***<br>(0.0689) |
| 地区属 *DQS* | -0.0029<br>(0.0060) | -0.0371<br>(0.0385) | -0.0144<br>(0.0223) | -0.2633***<br>(0.0540) |
| 县属 *XS* | -0.0960***<br>(0.0057) | -0.6963***<br>(0.0381) | -0.3832***<br>(0.0217) | -0.3099***<br>(0.0546) |
| 街道、镇、乡属 *JZXS* | -0.0493***<br>(0.0057) | -0.3223***<br>(0.0373) | -0.1818***<br>(0.0215) | -0.1092**<br>(0.0535) |
| 生产率 *TFP* | -0.0071***<br>(0.0018) | -0.0624***<br>(0.0129) | -0.0357***<br>(0.0073) | 0.8611***<br>(0.0203) |
| 利润规模 *PRO* | -0.0047***<br>(0.0003) | -0.0318***<br>(0.0019) | -0.0181***<br>(0.0011) | -0.0071***<br>(0.0026) |
| 企业规模 *size* | -0.2370***<br>(0.0037) | -1.2312***<br>(0.0224) | -0.7282***<br>(0.0132) | -1.4594***<br>(0.0276) |
| 税收规模 *TS* | 0.0085***<br>(0.0005) | 0.0593***<br>(0.0037) | 0.0335***<br>(0.0021) | 0.0078<br>(0.0052) |
| 国有控股 *GYKG* | -0.0735***<br>(0.0050) | -0.5051***<br>(0.0358) | -0.2892***<br>(0.0202) | -0.3888***<br>(0.0488) |
| 企业年龄 *age* | 0.0009***<br>(0.0001) | 0.0055***<br>(0.0009) | 0.0033***<br>(0.0005) | -0.0039***<br>(0.0012) |

续表

| 变量 | 出口虚拟变量 *EX* | | | 出口规模 *ES* |
|---|---|---|---|---|
| | OLS | Logit | Probit | OLS |
| $R^2$ | 0.0818 | | | 0.3117 |
| Prob（F-statistic） | 0.0000 | | | 0.0000 |
| Log likelihood | | -34423.41 | -34418.77 | |
| McFadden $R^2$ | | 0.0735 | 0.0737 | |
| Probability（LR stat） | | 0.0000 | 0.0000 | |
| N | 76178 | 76178 | 76178 | 14554 |

注：*** 、** 分别表示在 1%与 5%的显著性水平下拒绝虚拟原假设，括号内是标准误。

对方程（6-2）的检验结果也报告在表 6-3 中，据此看出，相对隶属于居委会、村委会的基准组企业，隶属于其他更高行政机构级别的出口企业的出口规模均较低。另外，将出口规模变量 *ES* 作为方程（6-3）的因变量进行检验，由表 6-4 中的估计结果可以看出，出口企业隶属行政机构级别越高，出口规模相对越低。总体来看，企业隶属行政机构级别越高，对出口贸易交易规模的刺激作用越低。具体来看，隶属于居委会、村委会对企业出口规模的激励最大，隶属于街道、镇、乡的企业次之，隶属于地区的企业再次之，接着是隶属于省的企业，再到隶属于县的企业，最后是隶属于中央的企业。

**表 6-4　进一步检验**

| 变量 | 出口虚拟变量 *EX* | | | 出口规模 *ES* |
|---|---|---|---|---|
| | OLS | Logit | Probit | OLS |
| 常数项 *C* | 0.8760***<br>（0.0138） | 2.0416***<br>（0.0870） | 1.2019***<br>（0.0506） | 10.9146***<br>（0.1163） |
| 行政级别 *XZJB* | 0.0056***<br>（0.0014） | 0.0385***<br>（0.0096） | 0.0225***<br>（0.0053） | -0.0802***<br>（0.0127） |
| 生产率 *TFP* | -0.0081***<br>（0.0018） | -0.0670***<br>（0.0127） | -0.0383***<br>（0.0072） | 0.8621***<br>（0.0203） |
| 利润规模 *PRO* | -0.0050***<br>（0.0003） | -0.0330***<br>（0.0019） | -0.0190***<br>（0.0011） | -0.0076***<br>（0.0026） |

续表

| 变量 | 出口虚拟变量 EX | | | 出口规模 ES |
| --- | --- | --- | --- | --- |
| | OLS | Logit | Probit | OLS |
| 企业规模 *size* | −0. 2377 ***<br>(0. 0037) | −1. 2182 ***<br>(0. 0222) | −0. 7234 ***<br>(0. 0131) | −1. 4566 ***<br>(0. 0275) |
| 税收规模 *TS* | 0. 0092 ***<br>(0. 0005) | 0. 0624 ***<br>(0. 0036) | 0. 0354 ***<br>(0. 0021) | 0. 0083<br>(0. 0052) |
| 国有控股 *GYKG* | −0. 0638 ***<br>(0. 0048) | −0. 4304 ***<br>(0. 0335) | −0. 2473 ***<br>(0. 0189) | −0. 3678 ***<br>(0. 0462) |
| 企业年龄 *age* | 0. 0011 ***<br>(0. 0001) | 0. 0066 ***<br>(0. 0008) | 0. 0039 ***<br>(0. 0005) | −0. 0037 ***<br>(0. 0012) |
| $R^2$ | 0. 0724 | | | 0. 3108 |
| Prob（F-statistic） | 0. 0000 | | | 0. 0000 |
| Log likelihood | | −34813. 65 | −34803. 16 | |
| McFadden $R^2$ | | 0. 0630 | 0. 0633 | |
| Probability（LR stat） | | 0. 0000 | 0. 0000 | |
| N | 76178 | 76178 | 76178 | 14554 |

注：*** 、** 分别表示在 1%与 5%的显著性水平下拒绝虚拟原假设，括号内是标准误。

实证检验估计结果几乎与表 6-1 的统计数据显现的结果完全相反。在表 6-1 中，企业隶属行政机构级别越高，出口企业的平均出口贸易额越高。然而，表 6-1 的统计资料仅仅表明隶属不同行政机构级别企业的出口状况，并不能反映隶属行政机构级别对企业出口贸易的实质性影响。实证检验所得到的结果揭示了企业隶属行政机构级别影响出口贸易的原动力。对于实证检验结果，有必要强调一点，企业隶属于中央这一最高行政级别，无论对出口参与决策还是出口贸易交易额度的刺激作用均非常低。在理论研究中，分析认为企业承担国计民生或者一些高科技产品生产的话，这些企业一般具有非常大的出口约束，并且这些企业一般都会归中央直接管辖。因此，实证检验得到的隶属于中央这一行政级别归属对于企业出口贸易的激励很低，符合理论预期。

由于选取 2008 年企业样本从事检验，从而不得不从宏观经济现实情况去阐述那场席卷全球的金融危机对研究结论所可能产生的影响。金融危机爆发以后，世界多个经济体很快就受其冲击而产生下滑趋势，而经济体之间的贸易萎缩是主要特征之一。不过，这里所得到的研究结论因为以下几个原因而继续有效：第一，这次金融危机于2007年就已在美国显现出来，但是直到2008年9月15日雷曼兄弟控股公司申请破产保护以后，席卷全球的金融海啸才正式爆发，对中国的实体经济影响可能要更晚一些，从而所记录的中国企业2008年经营数据受这场危机的影响应该不太严重；第二，金融危机爆发以后，中国政府快速且有效的宏观调控尽可能缓和了危机对实体经济的影响；第三，金融危机作为宏观经济系统风险，对中国所有制造业企业都有可能产生系统性影响，而实证研究主要对比隶属不同行政机构级别企业出口的差异性，这种对比估计能降低系统性影响所带来的偏误。

## 六、结论

中国企业隶属行政机构级别对其出口贸易有何影响呢？以前沿的异质性企业贸易理论为分析框架，理论研究指出，企业隶属行政机构级别越高，一般具有越强的政治优势使其出口面临的固定进入成本降低，比如降低与简化了烦琐的出口注册程序等，从而刺激企业参与出口。同时，隶属行政级别越高会让企业得到相对明显的因出口而获得的税收优惠待遇，这等同于降低了企业出口的单位“冰山”成本，进而刺激企业出口的贸易总量。不过，在中国特色的经济环境下，隶属于更高行政级别的企业，特别是一些隶属于中央的企业承担了涉及国计民生或者一些包含高科技性能的产品生产，这些物品的出口无疑受到了某些约束。同时，隶属行政级别越高的企业如果在国内获得相对可观的盈利，他们很可能没有隶属于行政级别较低企业对出口盈利的追逐激励。因此，在中国特色政治与经济环境下，企业隶属行政机构级别与出口贸易的关系比较复杂，只能寄托于实证检验来得出确切证据。

利用2008年《中国工业企业数据库》中的制造业企业样本进行实证检验。从数据基本统计看出，企业隶属行政机构级别越高，出口企业所占比率越高。对于已经出口的企业，隶属行政机构级别越高，出口企业贸易交易均值越高。不过，这种从结果导向看到的隶属不同行政机构级别与企业出口状况不能作为企业隶属行政机构级别影响出口贸易的经验证据，因为存在同时影响两者的变量没有被控制。构造相关变量并设计计量方程进行检验所得到的结果显示，企业隶属越高的行政机构级别总体上会使其从事出口的概率提高。具体来看，隶属于省的企业参与出口的概率最高，隶属于居委会、村委会的企业次之，隶属于地区的企业再次之，隶属于街道、镇、乡的企业较低，隶属于中央的企业更低，隶属于县的企业最低。对于已经出口的企业，企业隶属越高的行政机构级别对其增加出口贸易交易量的作用越低。具体来看，隶属于居委会、村委会的企业对增加出口交易量的影响最大，隶属于街道、镇、乡的企业次之，隶属于地区的企业再次之，隶属于省的企业较小，隶属于县的企业更小，隶属于中央的企业最小。联合理论研究与实证检验结果，得到了在中国情境下企业隶属行政机构级别影响出口贸易原动力的证据。

依据本章实证研究所得到的结果，中国制造业企业通过出口参与国际市场，在依托隶属行政机构级别这一政商关系之外，更应该重视自身生产技术进步与经营效率改进。同样，政府部门除了在审批与事务办理方面提供便利之外，也会基于不同目的直接为制造业企业提供补贴扶持。政府补贴企业的财政资金因其稀缺性而面临预算约束，同时财政补贴资金属于公共资源，其使用必须经过严格监督，这样才能确保是按照政策目标发放到应得企业手中。如果缺乏监督，政企合谋套取财政补贴资金的话，将极不利于中国制造业企业的发展。下一章着重研究如何有效监督政府部门对制造业企业财政补贴政策的实施。

（本章主要内容曾发表于《南大商学评论》2019 年第 2 期）

第七章

# 中国制造业企业补贴扶持的审计监督

为了扶持中国制造业企业稳步向前发展，政府会对某些企业发放补贴。政府部门如何发放财政补贴、什么企业应该得到财政补贴、个体企业如何申请财政补贴、财政补贴发到企业手中以后能否有效使用等都是非常复杂的行政与监督问题。问题的复杂性主要是因为参与财政补贴发放过程中的政府部门数量比较多，需要多个政府部门之间进行决策协调。同时，资源的稀缺性意味着财政补贴资金总额在某个时间段内相对固定，因而只有某些经济部门中的部分企业能够得到财政补贴，让政府部门合理做出补贴发放决策的难度变大。因此，相对独立的国家审计体系提供监督与建议显得颇为重要，这会协助政府部门做出正确的财政补贴决策。唯有监督好财政补贴扶持资金的发放，才能有效推动中国制造业企业健康发展。

## 一、研究背景

习近平总书记在中共十九大报告中提出要“改革审计管理体制”，改革的目标就是让国家审计成为更加有力的国家治理工具。2018 年 3 月中央审计委员会正式成立，目的也是要让国家审计能够发挥更好的监督职能。政府部门之所以补贴企业，归根结底是为了在某个时间段内实现某种社会目标，如激励企业从事研发创新、支持企业节能减排、鼓励企业提高职工生产与生活状况、扶持制造业企业稳步发展等。这些具体的社会目标又来源于中央的战略部署，所以政府发放补贴时必须将顶层设计放在决策的首要位置，国家审计也应将监督重点放在这里。企业在得到补贴以后，是否自觉地按照社会期望的目标去使用这些资金是顶层设计能否得到彻底贯彻与执行的另一监督要点，这同样需要相对独立的国家审计参与其中。中国共产党领导下的集中统一、全面覆盖、权威高效的审计监督体系，必须全方位监督政府对企业财政补贴扶持政策的制定与执行，唯有如此才能确保财政补贴资金的使用符合顶层设计者的最高战略部署。

根据《中国统计年鉴2018》，2017年中央与地方一般公共预算主要收入合计达到172592.77亿元，支出达到203085.49亿元[①]。超过20万（亿元）的财政支出体现了中国国家体制内所蕴含的巨大经济与社会影响力。国家良治的核心要素体现在法治、效率、透明、责任性及廉洁等方面（王家新和郑石桥，2015），而确保财政支出的合理使用需要国家治理中的免疫系统——国家审计发挥应有作用（刘家义，2012）。在中国如此庞大的财政收入与支出中，政府部门与以营利为目标的企业之间存在两个反向的互动行为：第一，营利性企业承担着相应的国家义务，比如企业按照法律规定缴纳各种税收。名目繁多的各类税种，如增值税、企业所得税及消费税等，都与企业存在着或多或少的联系。对于企业纳税义务的完成状况及其监管手段，目前已经存在较为完备的行政体系，如各地国税局及地税局在《税法》等法律指导下，严格监督企业的纳税行为并及时纠正企业偷税、漏税状况（王鸿貌和贾英姿，2016）。第二，营利性企业会享受国家对其提供的各种财政支持，其中包括政府为鼓励出口货物而退回增值税与消费税的这类税收减免措施，也含有得到国家财政补贴这类直接的资金支持。政府部门如何发放补贴及如何减免税收，在操作程序上要比对企业征缴税款困难得多。政府应该给哪些企业减免税收，又应该给哪些企业提供财政补贴，顶层设计者需要动用强大的国家监督体系进行有效监督，其中作为“免疫系统”的国家审计不可或缺。在审计全覆盖战略下（付忠伟等，2015），企业所获得的政府补贴属于财政资金，从而国家审计对政府部门补贴企业的行为进行审计监督具备法理上的坚实基础。尽管国家审计在监督政府部门如何发放企业补贴方面已经发挥了相关监督效能，但在企业拿到补贴以后如何进行审计监督，无论在实践操作中还是在理论探讨上都显得较为空洞。如果企业在获得财政补贴以后，这笔额外金钱流入只被企业当成经营资金的话（刘海洋、孔祥贞和马靖，2012），其依据自身最优化决策使用这笔补贴的行为很有可能会偏离财政补贴政策的原宗旨。例如，鼓励企业节能减排的财政补贴资金发到企业手中以后，如果企业不用这笔资金开发清洁技术，却在原有技术条件下扩大生产，那么旨在节能减排的补贴政策很可能会演变成“耗能增排”，这足以引起政策制定者的重视。

① 参见：http：//www. stats. gov. cn/tjsj/ndsj/2018/indexch. htm。

政府管理部门与生产性企业之间在财政补贴政策的实施过程中，政府管理部门既有义务监督生产性企业，更应规范自身行为以确保财政资金的使用符合顶层设计者的战略决策部署。如果缺乏相对独立的国家审计机关所提供的监督，单靠发放补贴的政府管理部门的自我监督与内部控制显然是不够的，因为政府管理部门可能会与企业合谋以共同套取或滥用财政资金，比如地方政府在地区性竞争压力下极有可能纵容生产性企业采取低成本、不环保，甚至不安全或违法违规的生产方式（聂辉华和张雨潇，2015）。在国家战略政策的实施过程中，地方政府作为中央政府在政策上的具体执行者，它们之间的利益诉求存在一定的差异性（李云雁，2012），这意味着中央政府必须采取强有力的监督措施以约束地方政府的行为。国家审计作为国家治理的基石与重要保障，肩负着监督地方政府财政行为的重要责任，如国家审计对治理地方政府债务租值耗散方面就发挥了重要作用（马轶群，2015）。新时代中央审计委员会的正式组建更是意味着国家审计发挥更加有力的监督效能的政治环境已然形成，从而政府与企业之间围绕财政补贴所产生的联系必然要接受国家审计的全方位监督。

## 二、理论框架

中国政府利用财政资金进行补贴的行为自古就有，《周易・杂卦》记录“临”和“观”两卦为“临观之义，或与或求”，即“观”其民风知其所“求”，从而“临”其民以施其政来“与”民所需，这其实就是一种依据管理对象实际需要给予财政支持的行为。孟子在论述古代天子“巡狩”诸侯及诸侯向天子“述职”的监督体系时，明确指出“春省耕而补不足，秋省敛而助不给”（《孟子・告子下》），即在春天应该补助种子不足的人且在秋天应该补助庄稼歉收的人。古代中国的农业经济让政府财政补贴集中于农业领域，当工业成为国家产业的重要组成部分以后，政府对生产性企业的补贴就从未中断过。企业目标就是赚取最大化利润，对于政府来说，嵌入到企业生产经营中的其他社会目标也应考虑进去。因此，政府对企业提供财政补贴的目的就是希望受助企业能够完成某种行为，而这种行为所产生的收益更多的是属于企业盈利之外的社会收益。在经济发展的初级阶段，补贴的最直接目标一般是希望企业能够扩大生产以便增加就业而创造社会财富，或对弱小企业进行扶持以帮助其维持生产以确保社会总产量的稳定。当经济体进入相对高级的阶段以后，创新性活动及节能减排等目标会得到更多的关注。对于创新，企业研发创新存在技术溢出效应，所以某个企业的单独创新会对整个行业产生效益，正外部性意味着企业根据自身利润最大化所做出的创新投入决策相对于社会来说是偏低的，所以政府愿意为企业创新活动中的某些花费买单，即向创新企业提供财政补贴。把问题聚焦到中国情境中，特色的政治环境意味着中共中央所做出的决议与战略部署是一切经济与社会活动的根本指南。因此，政府管理部门补贴企业必须依据中共中央的顶层设计进行决策。在大力发展经济的改革开放之初，政府会对扩大生产并增加就业的企业更为青睐。当中国进入新时代，建设美丽中国成为党带领人民努力奋斗的目标，美丽中国要求有高度的生态文明，因而当前政府肯定会对清洁生产以实现节能减排的企业更为重视。在顶层设计确立的政策导向下，政府部门会出台各种补贴企业的具体措施，据此向企业发放补贴资金。国家审计机关要对政府部门所制定的财政补贴政策是否完全符合中央的战略部署进行监督，确保财政补贴资金的发放符合国家战略。

对于个体企业来说，能够得到政府补贴意味着可以获得生产经营以外的现金收入，从而激励企业去申请政府补贴。不过，当政府部门依据顶层设计制定出具体补贴政策以后，不同企业对申请补贴的意愿却不尽相同。如果政府致力于扶植小型或者微型企业发展而提供财政补贴，那么大型企业一般就不会去申请这项补贴，发放补贴的政府部门一般也不会批准大型企业的补贴申请。如果政企合谋套取这类补贴资金，国家审计检查政府部门这种类型的违规发放行为也非常容易。在生产经营与市场销售中，企业会极为看重自身的声誉，上市公司更是如此。对于扶持与帮助弱势企业生产的财政补贴，经营状况良好且重视市场声誉的大型企业一般不会冒险去违规申请这种补贴，因为这会给人造成自身经营不善的印象。对于其他类型的财政补贴，如专为激励企业从事创新活动而设置的补贴，绝大多数企业都愿意去申请。企业得到创新补贴，一般不会对市场声誉造成任何消极影响，反而会因为标榜自己热衷于创新而增强声誉。企业把得到的财政补贴用于创新活动不会对原先的生产计划造成严重影响，同时研发的高风险性让企业对创新所取得的成果拥有最终解释权。政府部门发放补贴的程序与企业申请与使用补贴的过程均能通过国家审计的严格监督，但企业最后得不到任何创新成果而将原因全部归为创新活动的不确定性与高风险性，那么适当的绩效审计就显得尤为重要。

企业申请财政补贴资金一般要向政府部门提交一些申请与佐证材料。在有限财政资金的约束下，并非所有申请企业都能获得补贴，发放补贴的政府部门依据相关标准来决定补贴应该发给哪些企业。国家审计机关需要监督政府部门所依据的标准是否合理，同时调查企业提交的补贴申请材料是否真实有效。政府部门自身也应审核企业所提交的申请材料，是否严格履行审核程序其实是国家审计监督政府部门的一个要点。企业在政府部门与国家审计的联合监督下，最优决策是提交真实材料而不人为造假。国家审计机关的介入让实体之间的博弈能够走向良性互动的发展方向（赵息和张世鹏，2015）。如果抛弃国家审计的全方位监督，那么寻租行为就有可能发生，进而导致财政补贴资金的低效率使用。例如，与政府部门“联系”较为密切的企业提供虚假材料申请补贴，政府部门在审核材料时故意放松甄别而让这些企业获得补贴，这导致那些提供真实材料并能以更高效率利用财政资金的企业得不到补贴，进而造成效率损失。国家审计致力于监督政府如何使用财政资金，当政府部门把财政资金合理合法地发给企业以后，这些资金就成为企业自身的货币财富而非政府部门的财政资金，传统观念认为这些货币资金的使用就是企业内部的事情，不再需要国家审计监督而依靠企业内部控制。由于企业所得到的这些补贴资金的本质是财政资金，国家审计对财政资金审计全覆盖包括过程全覆盖（刘家义，2015），所以企业拿到财政补贴以后，如何使用依然要接受国家审计的监督。

政府发放财政补贴希望企业致力于从事某项行为以实现特殊的社会目标，企业提供真实材料申请补贴并按照社会期望的目标进行使用，国家审计对其进行全方位监督。企业获得补贴以后，补贴资金使用过程中的国家审计监督会反向提高补贴发放之前国家审计监督的效力。在国家审计监督下，企业需要严格按照社会目标使用这些补贴。企业申请补贴时会预期到国家审计的监督使其无法脱离社会目标进行决策，那么企业就会权衡在得到补贴以后必须按照社会目标进行决策与不申请补贴而按照利润最大化目标进行决策孰优孰劣。如果不申请补贴而按照自身利润最大化做决策是占优的，那么企业就会直接放弃补贴申请。如果申请补贴并按照社会目标进行决策对企业来说占优，那么企业就会如实提交材料去申请补贴。这样，补贴资金发到企业手中以后的国家审计监督，反向影响了发放补贴之前企业的申请决策，进而让财政补贴资金集中发给那些愿意在得到补贴以后按照社会目标进行生产与经营决策的企业手中。图 7-1 较好地显示了国家审计、权力机关（政府部门）与个体企业之间的互动关系。根据图 7-1，个体企业需要将真实材料提交给权力机关，国家审计既要监督材料的真实性，也要监督政府部门补贴发放过程是否公开、公平与公正；权力机关收到个体企业的申请材料以后，需要严格按照发放程序确定哪些企业应该获得补贴及其补贴额度，同时需要监督与管理企业得到补贴资金后的使用情况，国家审计在顶层设计确立的社会目标下全方位监督权力机关与个体企业之间的所有行为；最后，国家审计可对个体企业申请与使用补贴资金进行独立监督，特别要凸显绩效审计的重要性。

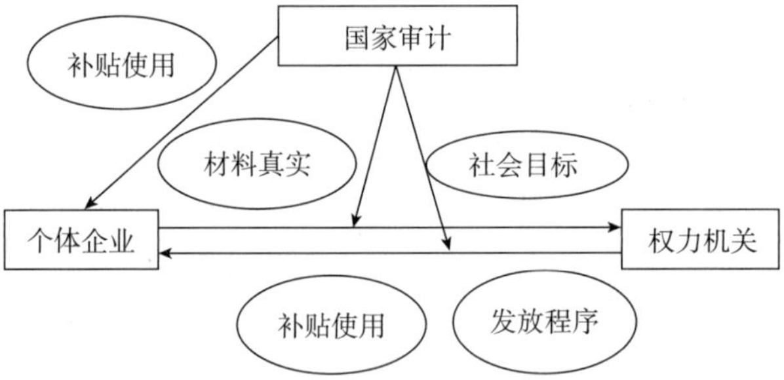


**图 7-1　国家审计、权力机关与个体企业决策与行为互动示意图**

在对政府向企业发放财政补贴进行审计监督时，企业自身行为是至关重要的，接下来就从企业营销行为出发阐述国家审计监督的必要性。

## 三、企业营销选择

先秦法家代表著作《韩非子》中记录着这样一则故事：有个鲁国人非常擅长编织草鞋，他的妻子也很能干，非常擅长纺织生绢以制作帽子。这对夫妻突然想迁徙到越国。有人对这对夫妻说他们将会陷入贫困，因为草鞋是用来穿在脚上走路的，越国人却光着脚走路；生绢做成的帽子是为了戴在头上的，越国人却是披散着头发而不戴帽子（故事一）。当代流行着一则关于企业营销的寓言故事：某个制鞋公司派一个员工去某个部落调查市场情况，他回来说那里没有任何市场，因为那里的人都不穿鞋。公司再派一个员工去调查，他做的报告却是那里很有市场，因为那里的人都不穿鞋，所以等那里的人开始穿鞋以后，市场将非常大。后来，该制鞋厂在这个部落卖出去了很多双鞋，后一员工的洞察力也成为营销界的美谈（故事二）。对于故事二，这两个员工看到了完全一样的状况，即调查对象都不穿鞋，但他们得出的市场结论却截然相反，最后是那个善于发现机遇并及时把握住机遇的员工帮助企业取得了极为显著的销售业绩。当代企业家在开拓产品市场时，经常引用这则寓言故事来提醒并激励自己与企业员工，让所有人都要明白机遇不是现成的，需要富有开创精神的人去发现、去挖掘、去把握。然而，用企业管理学语言包装故事一会是这样：有个夫妻店，这个店在生产草鞋与生绢上存在优势，该店先在鲁国经营，突然想搬迁到越国这个新市场。有位好心人比如某个经济学家告诉该店的董事长兼总经理，说新市场中的消费者都不穿鞋子且不戴帽子，所以无法经营草鞋与生绢。这么一看，故事二与故事一所面临的市场情况几无差别，但给予企业家的营销经验却大为不同。

那么，哪个故事更好呢？这种非黑即白的问题不具有智慧，因为任何一个企业家在单独看到某一则故事时都会觉得挺有道理，所以故事本身并没有好坏之分，只是思考问题的角度不同罢了。先秦法家学派崇尚务实与严谨的态度，韩非子收录故事一，现代企业家须从务实角度来思考营销问题。尽管这个夫妻店能提供好的商品，但潜在市场还没有消费需求，该店进入新市场需要大力宣传商品，更要花费巨大精力去改变新市场中消费者的生活习惯，这些都是很难完成的。因而，这两则故事结论不同的原因是对企业从无到有开拓一个新市场的难度认识不同。企业究竟该如何营销呢？中华优秀传统文化崇尚阴阳之道，企业营销既要有“阳”性方面的及时抓住营销机遇的这种魄力，也要有“阴”性方面的清静无为等待营销时机这种耐心。对于企业，生产与营销的最终目标是企业战略与策略选择的主要约束条件。在任何社会里，存在极少数企业不以赚取利润为目的，如涉及国计民生或尖端军事技术的某些企业。然而，在市场经济环境中，绝大多数企业都把营利作为生产与经营的主要目的。在新时代，市场依然会在资源配置中起决定性作用，中国绝大多数企业也会把盈利放在首位。在日趋激烈的市场竞争中，企业提高盈利能力的措施无外乎降低成本或者增加销售。降低成本涉及企业生产阶段，提高生产效率是企业降低成本的主要手段。企业增加销售既涉及生产，更属于营销的主要课题。企业可通过创新生产出更高性能的产品以夺取市场份额，这就是从生产阶段提高销售业绩的例子。更可能的情形是企业通过适当的营销策略来争取更多消费者购买自己产品以增加销售。对新时代的中国企业来说，营销成功与否非常关键。

在老子所写的《道德经》中就提到过“物壮则老”（《老子·三十章》），中华传统文化代表作《周易》中同样也写到“物不可以终壮”（《周易·序卦传》），这意味着任何事物发展壮大到一定程度以后就会走向衰落。经济学原理对企业生产与经营的考察得到过类似结论，即企业处于某个生命周期之中。企业从初创到发展，由发展而达到鼎盛，进而步入衰退，最后走向死亡。很多富有企业家精神的董事长与总经理对企业生命周期非常担忧，努力让企业长时间处于发展之中，避免企业走向衰退。企业之所以有生命周期，其销售的产品会达到市场饱和状态就是原因之一。企业通过产品更新换代就能延长生命周期。比如，某个企业只生产一种产品甲，当甲产品投入到市场以后，销售额会不断增加，当达到市场饱和以后，随着更多竞争企业的产品投入市场，甲产品的市场份额会逐渐萎缩，最后因为企业在产品甲的销售上无法实现盈利而退出市场，即这个企业的生命周期结束了。如果该企业在甲产品投入市场以后，开始研发新的产品乙，当甲产品的销售开始衰退时，把乙产品投入市场中，就能依靠乙产品再获一轮生命周期。这也是解释当前企业为何重视用研发来获取新产品的一个视角。任何企业管理者都知道创新活动不是免费的，需要投入巨额成本，绝大多数企业难以承受创新失败。因此，大部分企业并非通过研制新产品来延长生命周期，而是努力不让自身产品达到市场饱和状态，具体做法就是通过营销来夺取更多消费者。如果企业能够开拓一个新市场，将是延缓自己产品达到市场饱和的直接方法，类似于前沿国际贸易理论中所提出的企业参与国际贸易会拓展其生存空间一样，当然这也是故事二所蕴含的美好期待。总之，企业为了盈利，更是为了延长生命周期，及时抓住转瞬即逝的机遇来开拓新市场是成功营销的“阳”性之道。企业看重盈利并警示生命周期，但所做的任何经营决策都不能孤注一掷、竭泽而渔，如通过支付超级广告费来提高市场销售就被证明不是一个理性决策。企业开拓新市场，面临的主要问题就是进入成本可能很高。前沿经济学理论指出，企业调研新市场消费者的消费习惯（故事二中两位员工所做的工作就是这个）、了解当地政府的市场规制、与新市场中的销售商沟通与联系等活动都要花费金钱，这就是进入新市场的固定成本。

随着经济全球化的快速发展，企业进入国外市场的固定成本的确在降低。然而，这并不意味着企业开拓新市场就一定有利可图。比如，故事二结局完全可以改成企业听从后一员工的建议，派出大量人员到那个部落去做商品宣传，试图改变当地人的生活习惯，让他们选择穿鞋而不是赤脚走路。尽管改变一个地区人们的生活习惯是可能的，但实际中完成这个任务的难度非常大。过了很长一段时间，这个部落的人依然没有选择穿鞋走路，而这个公司却在这个地方花费了大量的成本，最后导致公司破产。在企业努力增加市场销售时，绝对不能盲目地去做营销决策，必须权衡利弊来综合评估市场上的方方面面。一般来说，像故事二这种以改变消费者已有的生活习惯来达到成功营销是最困难的，所以大多数理性且规避风险的人愿意谨慎地相信韩非子所摘录的故事一而不是美好的寓言故事二。企业之间的激烈竞争为一些企业进入新市场提供了等待机会。比如，某个小企业没有能力支付开拓新市场的巨额成本，生产类似产品的大企业却准备进入某个新市场，这个小企业的最优营销策略是以清静无为的心态先等待大企业进入新市场。如果大企业所生产的产品能在新市场站稳脚跟，小企业再以追赶者的角色进入这个市场，这就大为降低了自身的进入成本。让别人先去劝新市场中的消费者穿鞋，之后自己再去卖鞋，何乐而不为呢？因此，适当地等待时机是企业成功营销的“阴”性之道。企业生产与经营的压力越来越大，营销要懂得抓机遇与等时机的阴阳之道，以便让企业在市场竞争中能够赢得更多“战役”。

政府向企业发放的财政补贴到位以后，必须谨防企业只用这笔额外之财不顾一切地从事营销，进而忽视政府对其所寄希望的节能减排与从事创新等工作，因为企业面临使用财政补贴资金将自身的营销之道从“阴”变为“阳”的诱惑。国家审计必须联合政府机关对企业自身行为是否符合补贴政策宗旨进行全程监督。接下来，再从宏观政策宗旨出发梳理2015~2016年中国相关领域的经验证据，为国家审计进行监督提供具体的参考资料。

## 四、审计参考

对于财政资金的使用监督，审计全覆盖意味着国家审计需要“横向到边、纵向到底”监督所有财政资金的使用状况。如果将全部财政资金作为一个整体来考察如何提供能用于参考的审计依据是十分困难的，因为财政资金的使用面极其宽泛。例如，财政资金会用于补贴农村的贫困人口及激励企业节能减排，如果同时考虑国家审计如何监督这两种财政补贴行为，将无法得到一致性的审计参考依据，因为政府给什么样的农村贫困人口发放补贴与给什么样的企业提供节能减排补贴的程序是完全不同的，绩效考核也不同，从而合规性审计与绩效审计监督所依据的信息也就截然不同。在审计实践中，要想得到可供使用的审计依据，还是应该聚焦审计监督对象所在的领域，将审计全覆盖所对应的全部财政资金的使用状况划分为多个小的领域去搜寻审计依据。对于政府用财政资金补贴企业来说，这个问题也比较宽泛，因为企业的分类较多，既有工业也有服务业，工业中又包含制造业等三个子集。接下来，根据中国经验证据专门探讨国家审计如何监督政府部门对制造业企业的财政补贴。

根据理论分析框架，政府部门决定要对什么企业进行财政补贴时，首要关注国家顶层设计的战略导向。在新时代，建设美丽中国成为党带领人民努力奋斗的目标。2018 年 5 月 18~19 日全国生态环境保护大会在北京召开，习近平总书记表示到 21 世纪中叶要建成美丽中国。美丽中国要求绿色环保的生态环境，聚焦到政府部门对企业行为的考察时，节能减排成为重要的衡量指标。在这种顶层设计下，政府补贴必须重点关注为节能减排做出重大贡献的企业。图 7-2 为根据《中国能源统计年鉴 2017》中所提供的制造业行业 2016 年能源消费总量数据而画出的示意图。从图 7-2 可看出，制造业行业之间在能源消费方面所存在的差异巨大，金属制品、机械和设备修理业能源消费总量最低，仅为 51.92 万吨标准煤，黑色金属冶炼和压延加工业最高，达到了 73678.8 万吨标准煤，最高值是最低值的 1419 倍。如果政府部门想降低能源消费，在对企业提供财政补贴时，政府部门选择本身就是低能耗的相关行业中的企业进行财政补贴一般可通过国家审计的监督。对高能耗如黑色金属冶炼和压延加工业、化学原料和化学制品制造业、非金属矿物制造业等行业中的企业提供财政补贴时，国家审计应该进行更为严格的监督。对于这类行业，尽管消费了巨大能源量，但在维持固定社会产量下的节能空间却非常大。如果这些行业中的某些企业愿意为节能技术进行投资，那么政府为了节能而补贴这些企业就能通过国家审计的监督。如果地方政府还在为提高社会总产出而盲目地补贴高能耗行业的某些企业，那么这必然不符合当前建设美丽中国的顶层设计，也不能通过国家审计的监督。

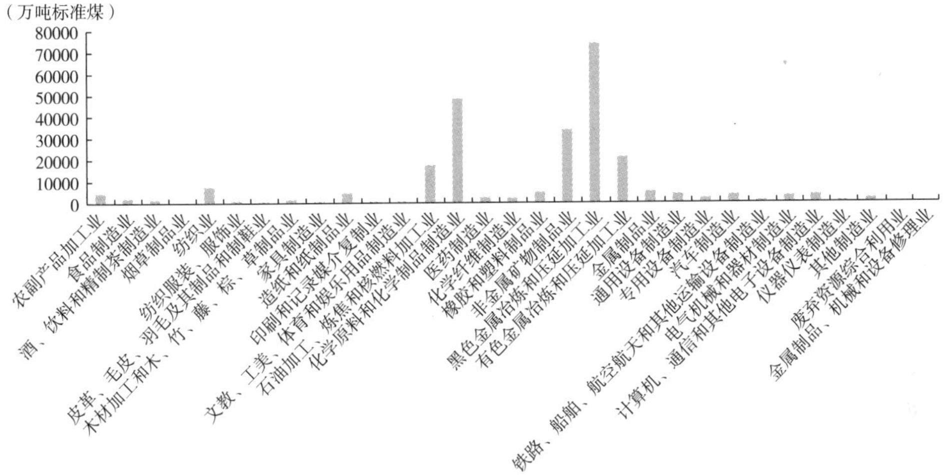


**图 7-2　中国 2016 年制造业分行业能源消费总量**

资料来源：《中国能源统计年鉴 2017》，能源消费按照发电煤耗计算法计算得出。

“减排”与节能一样，均是建设美丽中国所应重视的课题。图 7-3 为根据《中国环境统计年鉴 2016》中提供的制造业行业 2015 年工业废气排放量数据所画出的示意图。与能源消费相类似，中国制造业行业废气排放量之间的差异也非常显著，金属制品、机械和设备修理业最低，只有 160 亿立方米，黑色金属冶炼和压延加工业最高，达到 173826 亿立方米，最大值是最小值的 1086 倍。政府部门如果为了“减排”而向企业提供财政补贴的话，要么直接补贴排放量小的行业中的企业，要么补贴排放量高的行业中那些引用清洁技术生产而降低废气排放的企业，同样不能为了盲目提高社会总产出而补贴排放量高的行业中的企业来扩大生产，国家审计应该依据这些经验证据进行全方位监督。在 2018 年 6 月 19 日，审计署公开发布了《长江经济带生态环境保护审计结果》，体现出国家审计对环境保护与资源开发进行着严格监督。

在人类发展过程中，创新始终是社会发展与进步力量的源泉。在新时代，习近平总书记强调不创新不行，创新慢了也不行，同时指出创新要以企业为主体。在这种顶层设计下，用于激励企业创新的财政补贴一直是政府部门所重视的。《工业企业科技活动统计年鉴 2016》中记录着 2015 年制造业各行业研发经费内部支出情况，图 7-4 是据此画出的示意图。各行业

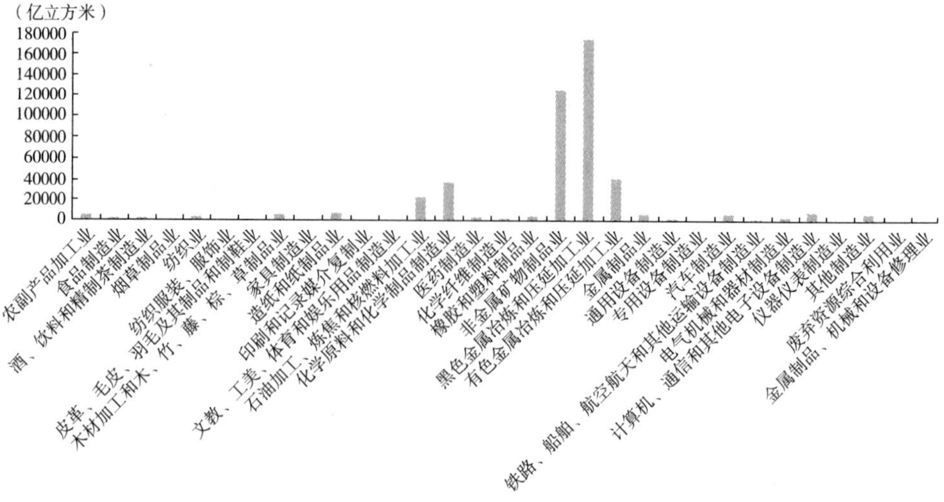


**图 7-3　中国 2015 年制造业分行业工业废气排放量**

资料来源：《中国环境统计年鉴 2016》。

之间在研发经费内部支出方面存在的差距也比较大，废弃资源综合利用业最低，仅为 98030 万元，而计算机、通信和其他电子设备制造业是最高值，为 16116757 万元，是最低值的 164 倍。政府补贴企业从事研发创新时，应该更多地将补贴资金倾向于那些内部研发支出经费投入较高的行业，国家审计重点监督政府部门在补贴内部研发支出经费较低行业中的企业时，最终是否真正激励了企业从事创新。

对于企业创新活动的统计，《中国高技术产业统计年鉴》专门将几个高技术产业与其他行业区别开来进行统计，这类资料能够凸显某些特定行业的创新状况。图 7-5 为根据《中国高技术产业统计年鉴 2017》中记录的 2016 年医药制造业、航空、航天器及设备制造业、电子及通信设备制造业、计算机及办公设备制造业、医疗仪器设备及仪器仪表制造业、信息化学品制造业的研发经费内部支出数据而画出的。政府部门要准确做出激励企业创新的补贴政策，图 7-5 是对图 7-4 很好的补充。从图 7-4 可以看出，计算机、通信和其他电子设备制造业是研发经费内部支出最高的行业，如果政府部门与国家审计仅据此做出激励企业创新的补贴决策与监督，就会笼统地认为计算机制造与通信及电子制造商都是创新巨头而给予大量补贴。然而，图 7-5 中重新组合所生成的高技术产业研发创新占比情况体现出电

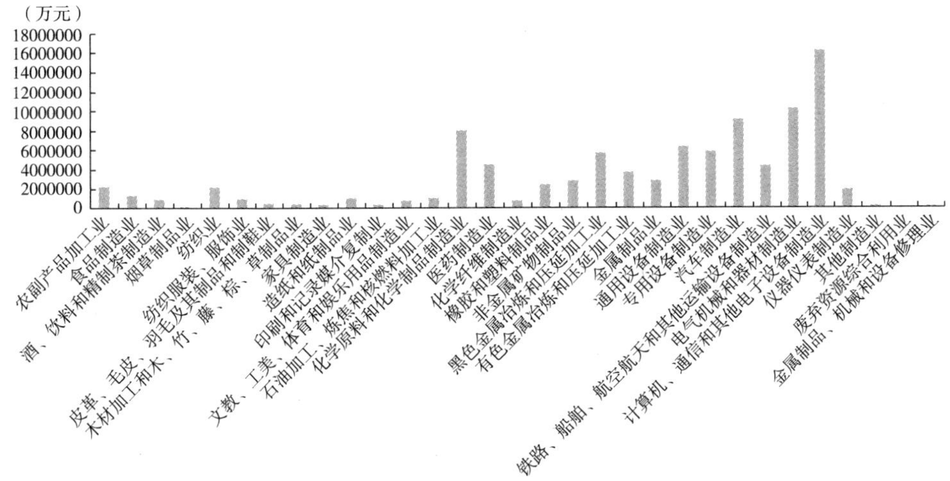


**图 7-4　中国 2015 年制造业分行业研发经费内部支出**

资料来源：《工业企业科技活动统计年鉴 2016》。

子及通信设备制造业比计算机及办公设备制造业在研发经费支出上要高得多，所以政府部门应该联合图 7-4 与图 7-5 来做出合理的创新补贴政策。同样，国家审计也应联合图 7-4 与图 7-5 所提供的信息来监督政府部门对企业的财政补贴措施是否准确。

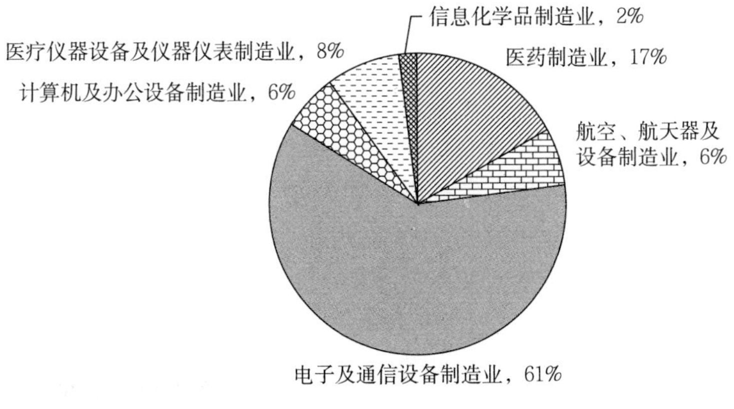


**图 7-5　中国 2016 年高技术产业分行业研发经费内部支出占比**

资料来源：《中国高技术产业统计年鉴 2017》。

中国 2015~2016 年的经验证据（见图 7-2~图 7-5）为政府部门分别在建设美丽中国与强调创新驱动的顶层设计下如何准确做出财政补贴政策提供了参考依据。国家审计会根据这些经验资料对政府部门的补贴决策进行全方位的监督。如果政府部门依据这些经验资料做出了不合理的决策，那么国家审计就应及时纠正政府的行为。

国家审计作为国家治理中的免疫系统，"抗体"要能找到"抗原"才能确保国家审计发挥自身作用（晏维龙，2016）。如果能够得到企业层面生产与经营的原始数据，则国家审计能为经济体提供更好的"抗体"。对于企业数据，尽管《中国工业企业数据库》的使用比较广泛，但时间的严重滞后性使其难以为紧跟时代政策的国家审计实践提供大的帮助。国家审计自身能够较好地解决索取原始数据困难的问题，凭借自身优势通过调研、走访或直接向某些政府管理部门索取其掌握的企业原始数据，都是审计实践中惯常的方法，当前的大数据审计（陈伟，2018）就是利用了这种理念。如果国家审计掌握了某一行业中绝大多数企业的数据，那么简单的统计性分析就能为国家审计监督提供参考依据。表 7-1 表示国家审计如果统计了企业的某些数据指标，根据顶层设计及政府部门所制定的财政补贴政策，通过比较描述性统计结果与企业原始数据信息，就能发现哪些企业更应该得到财政补贴。以激励企业研发创新的财政补贴政策为例，根据企业信息所做的描述性统计结果可以确定研发支出最大的企业与最小的企业，标准差描述了这些企业在研发创新支出方面的离散程度，平均值和中位数也指代了相应的企业信息。如果政府部门想通过扶持弱小企业从事创新来增强社会整体的创新，那么财政补贴就应该偏向于最小值与中位数之间的那些企业。如果政府考虑研发创新的高风险性而认为企业需要具备相应的研发基础才能完成创新，那么政府应该将补贴发给那些偏向于研发支出最大值的企业。国家审计利用这些数据信息对企业财政补贴的实施进行监督，就能及时纠正政府部门偏离原有政策导向的行为。

**表 7-1　各种变量描述性统计之审计参考**

| 变量 | 能源消费量 | 污染排放量 | 研发创新费 | 职工培训费 |
|---|---|---|---|---|
| 平均数 | √ | √ | √ | √ |
| 中位数 | √ | √ | √ | √ |

续表

| 变量 | 能源消费量 | 污染排放量 | 研发创新费 | 职工培训费 |
|---|---|---|---|---|
| 最大值 | √ | √ | √ | √ |
| 最小值 | √ | √ | √ | √ |
| 标准差 | √ | √ | √ | √ |
| 观察值 | N | N | N | N |

企业在得到政府的财政补贴资金以后，对这笔“意外之财”的使用是否符合政策目标是国家审计监督的一大难点。政府财政补贴政策目标如节能减排、增加员工福利或者增强创新等都有相应的衡量指标，国家审计根据这些指标来估计 $Y=C+\beta\cdot S+A\cdot X+\varepsilon$，其中 $Y$ 分别代表能源消费量、污染排放量、员工培训费或研究开发费等信息，$S$ 代表企业所得到的政府财政补贴额度，$X$ 代表相关控制变量矩阵，$A$ 代表控制变量偏效应矩阵。国家审计在监督时可如此参考：①如果 $\beta$ 估计值为负（以降低某种指标为政策宗旨时为正）或者不显著，说明利用财政补贴鼓励企业进行某种行为的效果非常有限。因此，国家审计机关可以将这些证据资料移交给政府决策部门，用以说明这种财政补贴的绩效并不显著，以便制定出更加合理的财政补贴政策。②如果 $\beta$ 估计值显著为正（以降低某种指标为政策宗旨时为负），说明从整个社会角度来看，对企业进行财政补贴可以达到政府所期望的某种目标。此时，国家审计应该监督个体企业获得补贴以后，这种状况的改善是高于还是低于这一估计值。对于高于这一估计值的企业，财政补贴对其所发挥的作用就高于一般情况。对于低于这一估计值的企业，国家审计应该重点关注他们是否有不正常使用财政补贴的行为。例如，当 Y 代表企业的创新支出时，$\beta$ 的估计值是 $\hat{\beta}$，如果某个企业得到政府财政补贴资金以后增加的创新支出与补贴资金的比率高于 $\hat{\beta}$，那么该企业得到补贴后在增加创新方面所发挥的作用相对高于整体情况，反之就低于，国家审计应该依据这一信息进行全方位监督。

总之，国家审计应该充分利用已有的经验数据资料，同时也应发挥自身优势收集经济与社会中的某些数据指标，据此监督政府部门是否按照顶层设计的战略部署来向企业发放财政补贴，同时也要监督所获补贴的企业是否按照这一政策目标去使用补贴。

## 五、结语

在财政资金审计全覆盖战略指导下，政府管理部门对个体企业发放补贴的行为及其所取得的政策效果需要接受国家审计的全方位监督。如果政府部门没有按照顶层设计的战略部署发放财政补贴，比如为了激励企业节能减排以协助建成美丽中国而发放财政补贴，如果政府部门给那些造成严重污染的企业提供补贴资金，那么国家审计就应该给予严格的监督，特别是严查地方政府部门盲目追求社会产出而不计后果地补贴高能耗与重污染的企业以促其增加产量的行为，这在新时代的地方政府施政中是绝不可取的。在政府管理部门将补贴资金发给企业以后，企业如何使用这笔资金也要接受国家审计的监督，否则依据顶层设计所制定的财政补贴政策的初衷可能会因企业追求自身经营的最优化而偏离。为了系统地说明国家审计如何对财政补贴政策进行监督，构建了国家审计、政府部门权力机关与生产性企业三部门理论框架。在补贴发放之前，国家审计既要监督政府部门的补贴发放过程是否合规，同时也应该检查企业申请补贴所提交的佐证材料是否真实有效，进而确保补贴能按照顶层设计所制定的具体政策发给合适企业。企业得到补贴以后，国家审计可与政府部门一同对企业如何使用补贴进行监督，亦可直接对企业使用补贴的过程进行监督，确保补贴是按照政策规定的方式被使用。

在企业财政补贴政策的监督实践中，国家审计应该根据中国经验证据寻找可供审计参考的依据。比如为了建设美丽中国而鼓励企业实现节能减排，那么诸如《中国能源统计年鉴 2017》与《中国环境统计年鉴 2016》等数据资料提供的关于制造业行业能源消费与废气排放等数据信息，可为国家审计监督政府部门是否按照建设美丽中国的顶层设计要求发放补贴提供参考。如果政府为了鼓励企业参与创新，那么根据《工业企业科技活动统计年鉴 2016》与《中国高技术产业统计年鉴 2017》等所提供的信息，政府将财政补贴的目光集中于电子及通信设备制造领域可能更为可取，国家审计如此监督会更为精准有效。同时，国家审计可依靠自身的监督与调查优势搜索与积累大量的企业层面经营数据，这会进一步提高国家审计的监督质量。让审计大数据服务于监督政府部门如何实施对企业的财政补贴政策，同时监督企业如何使用补贴，从而确保财政资金能按照顶层设计要求进行使用。政府发放财政补贴自古就有，这一财政政策所发挥的作用不容忽视。要让现代化的国家治理体系包含对企业财政补贴政策执行的有效监督，离不开作为国家治理基础的国家审计。

中国制造业企业在得到补贴扶持以后，必须按照补贴的初衷使用这一额外资金。企业不按照政策目标与监督要求挪用财政补贴资金用于其他目的，即使能够带来生产规模的扩大或者出口贸易的增加，也不会有利于中国制造业企业的长期健康发展，因为制造业的发展必须嵌入整个国民经济与社会的发展之中才可持续。

（本章主要内容曾发表于《生产力研究》2019 年第 5 期，
"企业营销选择"这部分内容曾发表于《企业管理》2019 年第 10 期）

第八章

# 中国制造业企业广告策略与研发战略的关系

本书前几章揭示了研发创新所带来的技术进步或产品更新换代是中国制造业企业稳步发展的内在动力，政府对企业的研发活动也可能会给予某些政策扶持，如财政补贴或税收减免等。在企业的日常经营活动中，通过广告营销以扩大市场规模也非常普遍。因为资源始终是稀缺的，如果企业把大量费用投入到短期可见效果的广告支出中，那么其在研发创新方面的经费支出必然会被挤出。在长期发展中，研发活动为企业所带来的技术优势才是在激烈的市场竞争中的取胜之钥，广告增加企业的市场销售规模只能在短期内显得有效。换言之，中国制造业企业面临着要在长期中研发创新与短期中广告营销中进行权衡取舍的问题。只有妥善解决了这一选择问题，才能为中国制造业企业的健康发展指明路径。本章将详细研究中国制造业企业的广告支出与研发创新之间的内在联系。

## 一、研究背景

随着中国经济步入新常态，传统要素与投资驱动经济增长方式转变为创新驱动增长的机制。研发活动是经济体参与创新的主要措施与手段，从而研发经费成为衡量经济体在创新领域投入程度的重要指标。在 2017 年，中国各类企业的研发经费支出为 13660.2 亿元，占全国研发经费的 77.6%，另外两大主体分别为政府属研究机构及高等学校，它们的经费占比分别只有 13.8%和 7.2%[①]。据此看出，中国本土企业共计使用了全国 3/4 以上的研发经费，从而中国经济领域的创新主力军非生产一线的企业莫属。企业所使用的创新经费除来自国家财政补贴外，其余基本来自于自身在研发方

① 资料来源于《2017 年全国科技经费投入统计公报》，参见：http：//www.stats.gov.cn/tjsj/zxfb/201810/t20181009_1626716.html。

面的资金投入。尽管研发创新能够决定企业在产品市场及商品供应链中所处的经营地位，但是研发发挥这种作用一般都需要长期的过程，并且研发也会存在一定的风险。因此，可以将企业研发看作生产经营过程中的战略决策。

不同商品的质量、性能及品牌等都会存在异质性，这种异质性决定着代表性消费者的购买决策。为了在商品市场争夺消费者以期占有更大市场份额，企业会采取多种营销手段，其中通过广告进行市场营销就是主要措施之一。如果产品质量相对较好，企业会通过广告传播产品质量信息，以激励消费者购买。即使产品质量不佳，企业也愿意通过广告来维持市场销售份额。广告营销一般在短期内就能让企业达到增加销售的目的，并且广告风险性也相对较小。因此，可以将企业广告看作生产经营过程中的策略选择。

广告营销能够在短期内发挥作用，从而备受企业欢迎，致使经济运行中充斥着大量广告，甚至广告费已经达到了侵吞企业利润的程度①。企业执行研发项目研制新产品需要大量时间进行实验探索，从而研发创新需要很长时间才能获得经济回报。即使研发是引进新的生产工艺来提高企业生产率，也需要相应的人力资源储备才能产生应有效果，这同样需要时间。从财务报表上看，企业自身投入的研发资金主要来自主营业务收入，而广告经费的主要来源也是主营业务收入。因而，直观经验让人担忧日益增加的企业广告支出会不会让研发投入逐渐变得疲软。从长远来看，研发创新的颓废势必会对经济体造成消极影响。那么，相同经费来源是否意味着企业研发与广告一定是一种“此消彼长”的关系呢？是否“鱼和熊掌不可兼得”呢？如此看待企业广告策略与研发战略的逻辑关系，很可能会忽视它们之间相互影响的内在机制。

企业广告策略与研发战略之间存在何种关系，需要在理论上进行严格分析与阐述，不能寄希望于直观经验的片面认识。接下来，先从理论上阐述与厘清企业广告策略与研发战略的逻辑关系，特别是要回答观察者对日益增长的企业广告费会削弱研发投入的担忧是否具有理论意义。接着利用2007年《中国工业企业数据库》进行实证检验，着重回答企业广告策略如何影响研发战略。本章所进行的理论阐述及实证检验所得到的经验支持证

① 参见：http：//finance. sina. com. cn/chanjing/gsnews/2016-04-21/doc-ifxrpvqz6258982. shtml。

据，会让观察者较为完备地了解企业广告策略与研发战略之间的逻辑关系。

为了厘清企业广告策略与研发战略之间的逻辑关系，必须有一个相对稳固的市场环境作为分析框架，否则理论阐述将不具备现实基础。选择中国情境作为理论分析的背景框架，所得到的理论命题能够直接对中国经济运行提供政策建议。同时，实证检验选用中国企业数据，更是让中国情境下的政策建议具有经验证据支持。

# 二、理论阐述

## （一）搭建理论框架

当前中国已经步入经济发展的新常态，相对放缓的经济增长模式让决策者更加关注创新对经济发展的驱动。企业是研发创新的主力军，所以中国顶层设计者肯定是鼓励企业参与研发。这种政策取向根植于实践经验中研发所产生的巨大作用。世界经济发展史不难让人理解工业革命使物质生产与社会生活发生了巨大变革。尽管第一次工业革命缘于生产一线中工匠们的技能经验总结，而从第二次工业革命开始，科学技术知识开始发挥它无穷尽的作用。积累科学知识及追赶技术进步的行为就是研发活动。如果只从企业层面探讨研发活动，那么主要存在两大分析领域，分别为考察企业研发投入的决定因素及探讨企业研发行为的影响效果。对于企业研发决定因素的概括性分析，可以追溯到熊彼特开创性的研究（Schumpeter，1942），他指出研发的成本压力及其所包含的风险，导致规模小的企业没有能力进行研发，只有规模大的企业才是研发活动的主要执行者，即使郭研和刘一博（2011）认为高科技企业的规模对研发密度具有显著的负向影响。对于研发如何影响企业生产与经营，主要是从经验总结开展的，接着构造了包含研发因素的知识生产函数，从而上升到理论高度。利用中国数据对企业研发进行的众多实证研究，比如刘志阔和蒋坤宏（2014）考察了企业研发投入的周期性特点，指出中国工业企业的研发投入总体上呈显著的顺周期性。研发需要相应资本与人员的共同参与，邓进（2007）指出，中国高新技术产业中研发资本的贡献要超过研发人员。总之，对于企业研发活动所形成的背景知识，基本上都鼓励企业扩大研发的战略决策，很少会否定研发的作用。这些理论或者经验上的概括，应用到宏观经济层面，无疑会让中国顶层设计者具有激励去鼓励与支持企业从事研发活动。

对于广告，中国政策制定者并没有太多动力去鼓励企业扩大广告支出，并且出台了一系列约束措施防止企业利用广告从事不正当营销，比如包含虚假信息的广告就有可能触犯中国法律。对于合法的企业广告，比如如实介绍产品信息的广告，会让消费者全面了解产品质量及性能，进而做出准确需求决策，这有利于经济运行。根据信号传递理论，即使广告中没有包含产品实质信息，企业巨额广告费用也让消费者相信该企业具备竞争力，从而认定产品质量会有保障。对于中国经济来说，田雨（1982）认为广告在中国社会主义经济体制下会发挥应有作用，不过需要尽量避免广告在资本主义社会已经产生的各种弊端。对于广告形式，植入式广告是企业常用的一种广告形式，周南和王殿文（2014）指出消费者对植入式广告中的品牌所持态度呈先升后降的倒“U”型形式，这是因为受到处理感知信息流畅性的影响。广告同样可以确立企业品牌文化，当企业为了品牌声誉承担相应社会责任时，又能为企业带来广告效应。比如，山立威等（2008）研究了汶川地震后中国上市公司的捐款行为，指出公司捐赠行为可以提高企业声誉进而获得广告效用，所以生产与消费者直接接触产品的公司比其他公司平均多捐 50%。徐莉萍等（2011）认为媒体对上市公司的关注也会显著影响捐赠行为。企业投入广告会影响自身的市场占有额，这反过来就会削弱其他企业的市场销售。吴彬等（2001）以中国酒类企业为例分析企业之间广告战略的博弈，指出广告作为一种市场营销手段也需服从市场理性特征。广告不仅是企业营销手段，也是社会沟通的桥梁，比如冯小素和潘正权（2003）指出随着科学技术一体化进程的发展，广告在科技传播及科技体系中将扮演重要角色。广告作为短期的市场营销行为，对于信息传递具有“润滑剂”作用，这让广告在市场行为中具有积极的一面。然而，广告对实体生产领域并无直接影响，并且企业管理者经常会因为非理性决策而使用广告特别是虚假广告进行非正当竞争，进而会扰乱市场秩序。总之，尽管企业广告对市场经营具有积极的一面，但其附带的消极因素使中国政策制定者不会像对企业研发那样去重视企业广告。

从企业经营状况上看，企业研发经费主要来自主营业务收入，其中研发经费在主营业务收入中的占比是衡量研发强度的一大指标（孙晓华等，

2015)。同样，企业广告支出费用一般也来自销售收入，比如张杰等(2011)使用企业广告投入成本与销售额之比作为广告投入强度。由于企业广告支出与研发投入均来自于主营业务收入，中国政策制定者重视企业研发而对扩大企业广告没有激励。这无疑产生一个理论与现实问题，那就是越来越多的企业广告费用支出是否会削弱研发投入。

### （二）确立理论研究边界

鉴于研发与广告的本质，中国政策执行者重视研发而轻视广告，这让人担忧更高的广告费用会削弱研发投入。这是本章研究的主要问题，但是该问题的解答还不足以厘清企业广告策略与研发战略逻辑关系。将问题聚焦在微观企业领域，即使研发与广告经费都来自营业收入，企业也会权衡两者对生产与经营的边际贡献。何枫和陈荣（2008）探讨了企业研发与广告宣传对技术效率的当前及累计影响，指出企业研发对市场势力效率及盈利效率都有积极显著影响，不过没有发现广告能在长期产生积极影响的经验证据。不过，乔均（2015）根据中国食品行业上市公司数据研究发现，在研发力度不变时，短期内企业广告投入对市场势力效率及盈利效率没有显著影响，而在长期中企业广告投入与市场势力效率呈正相关关系。如果直接关注企业绩效，将更直观地看出企业研发与广告的不同影响。孙维峰和黄祖辉（2013）指出，研发与企业绩效呈显著正相关，但是广告支出与企业绩效却不相关。不过，任海云（2014）认为，中国制造业上市公司的广告支出与市场价值的相关性高过研发支出，市场拉动作用更明显。因此，对于追求某一目标（如利润）最优化的企业来说，其会从最优化决策角度权衡企业广告与研发的最合理支出。

尽管宏观经济层面观察者担忧企业过高的广告费支出会削弱研发投入，但从微观经济层面发现企业会以某种目标最优化来权衡企业广告与研发支出。另外，广告及研发都不是“免费的午餐”，均需要数目不菲的资金，这些成本是企业管理者做出最优化决策应参考的依据。那么，以中国宏观政策执行者重研发轻广告为背景，以企业最优化决策及研发与广告共同预算约束为依据，形成了理论阐述的边界。在这一理论边界内，企业广告策略与研发战略究竟具有何种逻辑关系呢？要想回答这一问题，在企业生产经营过程中，需要做出企业广告与研发影响最优化目标具有何种关联的假定。

### （三）相互独立假设下的企业最优化

企业经营管理者根据企业最优化（如利润最大化）原则确定最优广告与研发支出规模。如果企业广告策略与研发战略影响企业最优化目标是相互独立的，那么广告策略与研发战略唯一联系之处是它们均受企业预算约束的制约，即主营业务收入中能够用于研发或者广告的整体规模。在这种情形下，企业最优化决策分为两个方面：①如何确定企业广告与研发支出的总规模（预算约束）；②在预算约束下如何分配广告与研发支出（最优化决策）。尽管最优决策存在这两个方面，企业却在一步之内完成最优化决策。具体如下：企业在上一年度期末的主营业务收入，可以根据经营状况及财务报表得到精确衡量。那么，上一年度期末的主营业务收入成为本年度用于实施各种企业决策的货币资源，研发与广告就是其中两种。为了简化分析，假设来自企业主营业务收入的决策共有三种，即广告、研发与其他。其中，“其他”代表了广告与研发以外的所有依赖于企业主营业务收入的决策（包括企业利润分配）。企业在这三种决策上投入货币选票，会产生各种服务于企业最优化目标的收益流量。那么，最优化决策就是利用所有主营业务收入（预算）投在这三种行为上，每种行为的最后一单位货币所产生的收益（净收益）是相等的。根据这一边际原则就能确定研发与广告支出的总规模及两者之间的最优分配。通过图 8-1 可以看出，企业广告策略与研发战略如何随着企业最优化决策而实现动态调整。

企业确立某一固定目标，比如利润最大化，据此做出最优化决策，得以确定研发与广告的最优支出规模。企业实际在研发与广告支出上，除最优点之外共存在四种情况，分布在图中的 A、B、C、D 四个区域中。对于理性的企业管理者来说，必然会调整研发与广告的支出规模，使其达到最优决策所确定的数量。企业研发与广告的动态调整如下：①如果处于区域 A，那么企业会同时扩大研发投入与增加广告支出，使其达到最优支出规模。在这种动态调整中，观察者会看到企业广告策略与研发战略“相互促进”的情况。②如果处于区域 B，那么企业会降低研发投入来增加广告支出。向最优点动态调整过程中，观察者会看到企业广告策略“挤出”研发战略的情况。③如果处于区域 C，那么企业会降低广告支出以扩大研发投入。在动态调整过程中，观察者会看到企业研发战略“挤出”广告策略的

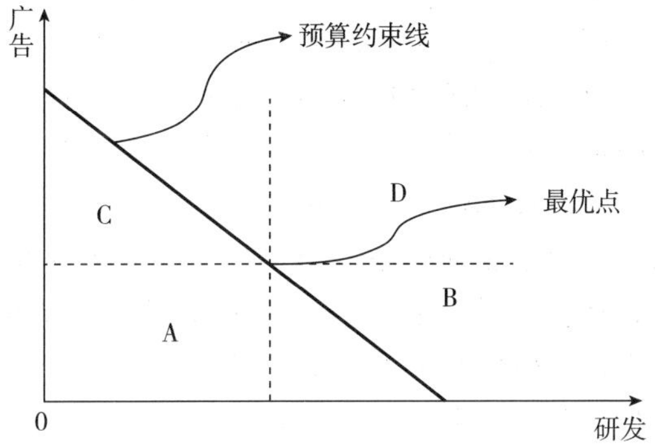


**图 8-1　企业广告与研发支出的最优选择**

情况。④如果处于区域 D，那么企业会同时降低广告支出与研发投入，使观察者认为研发战略与广告策略之间存在“相互削弱”的情况。

在以上分析中，尽管能够看到企业广告策略与研发战略经费支出存在相互依存的动态调整，但是要将这种此消彼长（区域 B 与区域 C 的调整）或者同增同减（区域 A 与区域 D 的调整）的共同调整看作两者之间的关系，就会产生非常严重的逻辑错误。因为，企业广告与研发在这些情形下的动态调整，均源于企业最优化决策所产生的动力。企业研发与广告之间除了共同的资源约束以外，并无任何逻辑上的关系。这在实际研究中是务必需要注意的问题，否则容易忽视企业广告策略与研发战略同时变化的共同推动力——企业最优化决策，进而片面地从两者同时变化角度去推断它们之间的逻辑关系。

### （四）相互不独立假设下的逻辑关系

要从逻辑上彻底厘清企业广告策略与研发战略具有何种关系，必须改变两者之间影响企业最优化目标是相互独立的假定。对此，需要回答改变假设是否更具有理论上的一般性。研发一般都需要长期过程才在生产方面体现出应有的效果。广告短期内却可在销售上发挥必要的作用。因此，研发对企业的影响是长期的并主要体现在生产领域，广告对企业的影响是短期的并主要体现在销售领域。如此看来，研发与广告对企业最优化目标的影响没有必然联系，可能会让人容易接受。因此，对它们之间做相互独立的假设并进行理论上的分析是必要的。然而，事物普遍联系性意味着事物之间或多或少具有相互关联，更何况是共同服务于企业最优化目标的研发战略与广告策略。简单地推理就能发现，它们两者之间对最优化目标的影响会有关联，比如企业广告策略会增加销售额，而销售增加无疑会让研发产生的成本降低（生产技术性研发）的盈利效果更加明显，进而带动企业利润的快速增加。再比如企业研发战略的实施，无论是增加新产品还是通过技术提升而降低生产成本，都会让广告扩大营销的策略更加有利可图。因此，辩证地分析企业研发战略与广告策略，发现它们对企业最优化目标的影响并非完全相互独立，更应该是相互联系的。研发与广告对企业最优化目标如盈利的影响一般会呈现相互加强的趋势，这种影响企业最优化目标的相互促进关系，又会让企业广告策略与研发战略本身具有何种逻辑关系呢？

考虑企业投入一定数量的货币资金（来自于主营业务收入）从事某一研发项目。执行这一研发项目最多会产生三方面效果：要么创造出新产品，要么促使生产技术进步（生产率提高），要么提高产品质量（汤二子、孙振和孙佳，2013）。当研发创造出新产品，理性的企业管理者会通过扩大广告支出来介绍新产品信息，以期让更多的消费者了解新产品并投以货币选票，这比较符合利润最大化目标。如果研发促使产品生产技术得以进步，那么对于同样产品的生产来说，单位成本必然降低，导致同等产品价格下企业拥有更高的价格加成率。在这种情况下，如果能够通过某种途径增加企业产品的市场销售，则会显著提高企业的营业利润。因此，理性的企业管理者具有激励增加广告方面的经费支出，以期实现扩大企业利润这一目标。如果企业研发项目是服务于提高产品质量或者性能，比如产品的更新换代，则产品生产成本很有可能因为研发成本而提高。此时，具有更高质量并附带更多成本的产品应该要以更高价格在市场上进行销售才更加符合最优化目标。企业管理者为了让更高质量的产品能以更高价格出售，需要尽可能地揭示产品具有何种更好性能或者具有何种更便利用途等信息，试图让消费者认可产品价格的提高，这些都需要通过广告策略予以实现。比如苹果公司推出的 iPhone 手机系列，无不利用了巨额广告费进行产品更新换代的营销，进而确保更高质量的产品得以用更高的价格销售。总之，当企业决定为某一研发项目投入资金以后，研发带来生产方面的某些变化很可能会引致企业的营销模式产生变化。企业一般会有更高激励来提高广告支出去适应生产乃至销售的变化。换言之，企业制定研发战略具有很大概率会提高企业在广告策略上的重视。

研发作为长期战略，可能会提高企业对短期广告策略的重视程度，这一逻辑关系其实并不算太复杂。这一层关系让中国政策执行者认为只要重视研发战略，企业就会变得更加强健，进而提高广告支出费用也就无可厚非。然而，对于企业研发战略与广告策略的逻辑关系，最容易让人担忧的是广告策略因其短期可见的收益而得到企业重视，进而会削弱需要在长期中才有作用的研发战略。之所以存在这一担忧，归根结底还是因为观察者有了先入为主的观念，即企业经营管理者是“短视”的，重视广告的短期收益而轻视研发的长期报酬。不过，企业管理者未必都是“短视”的。那么，在企业管理者是理性的这一假定下，企业广告策略如何影响研发战略呢？这是阐述企业研发与广告具有何种逻辑关系最为棘手的理论问题。只要这一问题得到了准确解析，该主题的研究基本上就能形成比较完备的理论体系。为了清晰地进行论证，接下来构建一个简短的数理模型进行机理分析。

## 三、模型分析

正如前文所述，要想辨析企业广告策略如何影响研发战略，需要综合考虑广告与研发影响企业最优化目标存在何种关联，之后才能探讨两者之间自身的相互影响。为了简化分析，假定理性企业管理者只追求利润最大化这一最常见的经营目标①。通过扩展 Melitz 和 Ottaviano（2008）的模型，并且利用 Melitz 和 Trefler（2012）的基本观点构建数理模型，可以清晰地分析企业广告策略如何影响研发战略。本书第二章用到了 Melitz 和 Ottaviano（2008）的分析框架，鉴于研究议题差异巨大，本章还是从第一步开始建构基本框架，这样有利于理解上的连续性与阅读上的便利性。

① 值得注意的是，企业最优化目标不同，分析所得到的结论会有差别。企业可能会存在其他最优化目标，比如为了显示社会责任，会在一定时期内注重环境影响。不过，微观企业的经营目标一般还是以追求最大化利润为主。

## （一）基本模型

代表性消费者对任意商品 $i$ 的需求数量为 $x_i$，计价物需求为 $x_0$，Melitz 和 Ottaviano（2008）假定效用函数为 $U=x_0+\alpha\int_{i\in\Omega}x_i di-\frac{1}{2}\gamma\int_{i\in\Omega}(x_i)^2 di-\frac{1}{2}\eta(\int_{i\in\Omega}x_i di)^2$，其中，$\alpha$、$\gamma$ 及 $\eta$ 均为大于 0 的参数。构造需求总量参数 $X=\int_{i\in\Omega}x_i di$，如果商品 $i$ 的价格是 $p_i$，从而效用最大化应该满足条件 $\partial U/\partial x_i=p_i$，化简得到：

$$\alpha-\gamma x_i-\eta X=p_i \tag{8-1}$$

根据式（8-1）得到商品 $i$ 的需求 $x_i=\frac{1}{\gamma}(\alpha-p_i-\eta X)$。不妨认为市场中共有 $N$ 个商品，所以根据式（8-1）算出平均价格 $\bar{p}$ 为：

$$\bar{p}=\frac{1}{N}\int_{i\in\Omega}p_i di=\frac{1}{N}(\alpha N-\gamma X-\eta NX)=\alpha-(\frac{\gamma}{N}+\eta)X \tag{8-2}$$

根据式（8-2）算出 $X=\frac{\alpha N}{\gamma+\eta N}-\frac{N\bar{p}}{\gamma+\eta N}$，代入需求函数中得到：

$$x_i=\frac{\alpha}{\gamma+\eta N}-\frac{p_i}{\gamma}+\frac{\eta N}{\gamma+\eta N}\frac{\bar{p}}{\gamma} \tag{8-3}$$

假定市场中消费者总数为 $M$，并且每个消费者只购买一种产品，这有别于 Melitz 和 Ottaviano（2008）的模型。对于效用函数 $U$ 来说，代表性消费者对任意商品 $i$ 的最优消费数量应该如式（8-3）所示。不过，考虑广告对消费者行为影响时，消费者需求会相对集中。当消费者只通过广告了解产品信息时，为了保险起见，消费者对类似产品一般只会选择最认可的商品。这样假定比较符合实际情形，比如一个家庭所购产品中，大至各种电器，小至各种日用品，都会选择品牌相对固定的几种商品。计建和陈小平（1999）指出，品牌忠诚度中的行为忠诚度就是消费者持续购买某一品牌产品。消费行为依赖于品牌，特别在信息不对称时更是如此（何志毅和林冉，2005），而广告营销的主要目标就是宣传企业品牌。为了简化研究，假设某个消费者只选择商品 $i$，那么他对该商品的总需求应该等于他将市场中所有差别化商品均看成商品 $i$ 时的总需求。因此，他对商品 $i$ 的实际总需求 $y_i$ 应该为：

$$y_i = Nx_i = \frac{\alpha N}{\gamma+\eta N} - \frac{N}{\gamma} p_i + \frac{\eta N^2}{\gamma+\eta N} \frac{\bar{p}}{\gamma} \tag{8-4}$$

换句话说，如果广告使消费者只购买一种商品，那么该消费者会将原先对其他 $N-1$ 种商品 $j$ 的总需求 $\int_{j\in\Omega,\ j\neq i} x_j dj$ 转化为对商品 $i$ 的需求 $(N-1)x_i$。如此转变消费行为究竟提高还是降低了消费者效用，取决于广告披露信息的质量及消费者判断信息的能力。

对于总数为 $M$ 的消费者，假定购买商品 $i$ 的消费者占比为 $\lambda_i$，所以有 $\int_{i\in\Omega} \lambda_i di = 1$。如果企业 $i$ 的广告支出为 $w_i$，并且广告支出影响消费者占有率，那么 $\lambda_i = g(w_i,\ W)$，其中，$W$ 表示其他影响消费者选择该商品的各种因素，如产品质量、性能乃至售后服务等。函数 $g(\cdot)$ 随着广告支出增加而递增，即偏导数 $\partial g/\partial w_i>0$。综上所述，商品 $i$ 的市场总需求 $q_i$ 为：

$$q_i = \lambda_i M y_i = MN\left(\frac{\alpha}{\gamma+\eta N} - \frac{1}{\gamma} p_i + \frac{\eta N}{\gamma+\eta N} \frac{\bar{p}}{\gamma}\right) g(w_i,\ W) \tag{8-5}$$

根据 Melitz 和 Trefler（2012）的研究，生产商品 $i$ 的企业执行某个研发项目需要支付固定成本 $f$。假定该研发项目仅为了提高企业生产率，即能够降低生产边际成本，比如降低值为 $\Delta c$。由于该企业的市场总需求为 $q_i$，从而该研发项目的收益为 $\Delta c \cdot q_i$。如果存在 $\Delta c \cdot q_i > f$，企业就会执行该研发项目。换言之，企业制定研发战略的概率为：

$$\Pr(\Delta c \cdot q_i > f) = \Pr\left[MN\left(\frac{\alpha}{\gamma+\eta N} - \frac{1}{\gamma} p_i + \frac{\eta N}{\gamma+\eta N} \frac{\bar{p}}{\gamma}\right) g(w_i,\ W) > \frac{f}{\Delta c}\right] \tag{8-6}$$

其中，函数 $\Pr(\cdot)$ 表示事件发生的概率。由于 $\partial g/\partial w_i>0$，从而得到：

$$\frac{\partial \Pr(\Delta c \cdot q_i > f)}{\partial w_i} > 0 \tag{8-7}$$

根据式（8-7）看出，企业增加广告支出会激发其从事研发活动，因为企业制定与实施研发战略规划更利于盈利增加。

## （二）机理解析

以上模型的内在逻辑简明清晰，就是广告增加需求进而激发企业进行研发。不过，此处具有两点启发：①该模型通过分析消费者行为的重新分布来描述企业广告如何影响商品需求，而传统做法是用产品市场占有率变化幅度来描述企业广告对营销的影响。根据市场占有率变化只能笼统地研究企业广告效果，难以揭示内在的影响机理。从消费者行为视角研究企业广告效果，可以从行为角度揭示企业如何通过广告而占有市场，这对该领域的经济理论研究具有启发性。特别地，从消费者行为分布视角的模型构建，可将服务于销售领域的广告策略带回到基于消费者偏好而制定决策的生产领域以进行理论分析，这让广告与研发之间的联系更加明显。②该模型揭示了企业广告的社会福利效应。消费者因为广告而选择其认为最可靠的产品，使个体消费行为趋于集中，其他商品的需求被转化为对该产品的需求。那么，消费者的效用提高了吗？消费者会不会过度消费？消费者的总支出是否增多？社会总体福利是否提升？这些问题的答案都取决于广告所披露产品信息的程度与质量。如果市场中充斥着欺骗性假广告，那么消费者需求决策必然会被误导，从而造成效用福利损失。前文已经看到，中国的政策执行者之所以热衷于企业研发而并无激励去鼓励企业进行广告支出，原因就是广告如果带有欺骗性质，不能成为信息传递的合理途径，甚至妨碍了信息传播，那么不仅不会对经济社会产生积极效果，反而会存在不良影响。正因如此，观察者既担忧企业广告策略会“挤出”研发战略，更怀疑企业利用虚假广告造成的消费者行为扭曲，从而对经济发展及社会福利产生严重的不利影响。不过，根据数理模型的阐述发现，只要企业广告是信息有效的，不仅不会对研发战略产生消极影响，反而会刺激企业从事研发活动，并且不会损害消费者效用，更多情况是会提高消费者的福利。

回到式（8-5），如果企业广告能够博得消费者信任，那么市场销售额会急剧增加。所有企业都理解这一点，它们都会尽力通过广告营销来争夺消费者。广告因为操作上的简易性与效果上的瞬时性受到绝大多数企业管理者的青睐。不过，广告本身并不能用于消费，只是其中所包含的商品信息具有消费性。任何广告都无法创造新产品，更无法推动技术进步，只有长期的研发战略才能实现。鉴于研发战略的长期性与风险性，只有具备战略眼光的管理者才会做出恰当的研发决策。如果目光短浅的管理者只追求短期营业额，就有可能孤注一掷地投入绝大多数资源用于广告营销。这种行为有可能让企业在短期市场销售中获胜，但长期内必然会因缺乏研发创新驱动导致产品陈旧及生产效率低下，进而遭到市场的淘汰。因此，企业一定要权衡好短期广告策略与长期研发战略，有效分配两者的资源，避免因为广告策略的短期利益而忽视长期获益的研发战略。模型中分析得到企业广告策略会刺激研发战略，需要一个前提条件，那就是理性企业管理者要在合理范围内（最优化目标约束）增加广告支出。如果广告支出过于庞大，那么这种非理性的营销行为对激励研发战略难以有所作为。

企业研发战略的实施会激励管理者扩大广告支出，这不难理解。模型分析认为，理性的企业管理者在一定范围内扩大广告支出，会让企业更有可能制定研发战略。这构成了企业广告策略与研发战略之间的逻辑关系。总的来说，它们之间有一种相互促进的内在联系。如同上文所提到的原因，要从实证上验证这种逻辑关系，还是应该重点检验企业广告策略如何影响研发战略。接下来利用中国制造业企业的经营数据，检验企业广告如何影响研发。

## 四、实证检验

### （一）数据来源与概述

如同本书第一章一样，本章也选用 2007 年《中国工业企业数据库》进行实证研究。鉴于本章用到了广告变量，所以其样本筛选与前面的章节就略有不同。为了论述的连贯性，本章也会详细介绍所进行的样本筛选过程。企业营业状态分别记录为“营业”、“停业”、“筹建”、“撤销”与“其他”，只选用“营业”状态样本。经过这步筛选，共计还剩 333596 个样本。在这些样本中，有 20 个“广告费”是负值，这不符合实际情形，做删除处理。在剩余样本中，又有 23 个“研究开发费”是负值，同样因为违背实际情形而删除。这样还剩 333553 个样本。该数据库一共分为三大行业门类，分别为采矿业，制造业，电力、燃气及水的生产和供应业。表 8-1 按照三大行业门类对企业研发与广告情况进行了概述，研发与广告存在大量等于 0 的样本。如果数据库中“广告费”等于 0，该企业视为无广告活动，同样“研究开发费”等于 0 视为该企业无研发活动。

表 8-1 数据概述

| 变量 | | 无研发无广告 | 有研发无广告 | 无研发有广告 | 有研发有广告 |
|---|---|---|---|---|---|
| 采矿业 | 样本数（个） | 14522 | 349 | 511 | 214 |
| | 研发均值（千元） | 0 | 6501.5 | 0 | 35816.1 |
| | 广告均值（千元） | 0 | 0 | 219.8 | 738.7 |
| 制造业 | 样本数（个） | 245507 | 15274 | 30371 | 18956 |
| | 研发均值（千元） | 0 | 2647.5 | 0 | 5977 |
| | 广告均值（千元） | 0 | 0 | 662.9 | 3057.1 |
| 电力、燃气及水的生产和供应业 | 样本数（个） | 6500 | 255 | 906 | 188 |
| | 研发均值（千元） | 0 | 4075.25 | 0 | 21729.4 |
| | 广告均值（千元） | 0 | 0 | 126 | 8888.8 |

注：均值是利用货币进行统计。

从表 8-1 可以看出：①大量的中国工业企业既没有进行研发创新也没有进行广告营销，这部分企业大约占企业总数的 80%。②做广告企业的数量高于从事研发活动的企业。总体来看，做广告企业数量是研发企业数量的 2 倍。③既有研发又有广告的企业占比很小，不到总数的 6%。根据表 8-1 各项均值可以看出：①企业广告支出明显低于研发支出。这一点能解释做广告企业数目为什么会超过研发企业（因为广告支出小，容易做）。②对于研发企业，企业做广告时（有研发有广告）的研发支出均值要比企业不做广告时（有研发无广告）高。同样，对于广告企业，企业进行研发时（有研发有广告）的广告平均支出要超过企业不进行研发（无研发有广告）的情形。这一点似乎就能支持理论阐述中所得到的企业广告策略与研发战略之间相互促进的逻辑关系，同时也打消了企业广告支出增加会削弱研发战略的疑虑。不过，这样下结论还缺乏统计显著性基础及无法排除其他干扰因素，比如既有研发又有广告的企业主营业务收入应该相对很高，所以研发投入与广告支出都很大，这就不能完全作为广告与研发之间相互促进的经验证据。对此，表 8-2 报告了三大行业门类主营业务收入的各项均值。报告结果前删除了“主营业务收入”等于 0 的样本，因为企业正常营业时的主营业务收入不应该为 0。这样一共删除 1067 个样本，接着删除“研究开发费”与“广告费”总和超过“主营业务收入”的样本，又删除了 17 个。

表 8-2　主营业务收入的均值　　单位：千元

| 变量 | 无研发无广告 | 有研发无广告 | 无研发有广告 | 有研发有广告 |
|---|---|---|---|---|
| 采矿业 | 73602 | 1094836 | 138257 | 3949496 |
| 制造业 | 68757 | 266697 | 133354 | 511791 |
| 电力、燃气及水的生产和供应业 | 184485 | 971244 | 203231 | 6387760 |

从表 8-2 可以看出：①既无研发又无广告企业的主营业务收入相对最低；②研发企业相对广告企业具有较高的主营业务收入；③既有研发又有广告企业的主营业务收入相对最高。这表明，同时从事研发与广告企业相对只研发不广告企业具有更高的研发均值，很可能只是因为它们具有更高的主营业务收入。因此，从表 8-1 看到的广告与研发之间的相互促进关系的确不具有经验基础。为了检验企业广告策略如何影响研发战略，必须控制主营业务收入的干扰。从表 8-1 与表 8-2 看出，采矿业与电力、燃气及水的生产和供应业的数据相对制造业比较“异常”，所以删除。接下来只用制造业企业样本进行实证检验，这也符合当前多数经验研究的惯常做法。通过筛选，还剩下 309208 个样本。

## （二）估计方法与结果

对于筛选后的数据样本，存在众多研发或者广告费用等于 0 的企业，利用这些样本可以估计企业拥有广告行为是否会排斥其制定研发决策。根据研究目的，分别定义两个虚拟变量 $Y_D=\begin{cases}1, & if \quad rd>0\\0, & if \quad rd=0\end{cases}$ 与 $X_D=\begin{cases}1, & if \quad ad>0\\0, & if \quad ad=0\end{cases}$，其中，$rd$ 与 $ad$ 分别表示企业的“研究开发费”与“广告费”。如果 $Y_D$ 作为被解释变量，以 $X_D$ 作为解释变量，OLS 回归结果报告在表 8-3“回归（1）”中。根据回归（1）的估计结果，看出对于做广告的企业，它们同时制定研发战略的概率要比不做广告的企业高 30%以上①。不过，以上估计结果依然不能作为广告策略可以激发企业研发战略的经验证据，因为企业的研发与广告行为均受到主营业务收入的影响。要准确估计两者之间的关系，应该控制主营业务收入这一变量。设定控制变量主营业务收入规模 $R_M = \ln(revenue_{main})$，其中 $revenue_{main}$ 是企业的“主营业务收入”。引入控制变量 $R_M$ 后，OLS 估计结果报告在表 8-3 的“回归（2）”中。根据估计结果可以看出，在主营业务收入保持不变时，做广告的企业相对不做广告的企业从事研发的概率依然要高，并且具有统计显著性。

**表 8-3 检验结果（一）**

| 变量 | 被解释变量 $Y_D$ | | |
|---|---|---|---|
| | 回归（1） | 回归（2） | 回归（3） |
| 常数项 $C$ | 0.0587***<br>(0.0006) | −0.3559***<br>(0.0042) | −0.3161***<br>(0.0043) |
| 解释变量 $X_D$ | 0.3256***<br>(0.0014) | 0.2979***<br>(0.0014) | 0.2791***<br>(0.0015) |
| 主营业务规模 $R_M$ | | 0.0407***<br>(0.0004) | 0.0248***<br>(0.0006) |
| 生产率 $LTFP$ | | | 0.0017***<br>(0.0006) |
| 企业规模 $scale$ | | | 0.0099***<br>(0.0004) |
| 出口决策 $EX_D$ | | | 0.0323***<br>(0.0012) |
| 补贴规模 $SUBS$ | | | 0.0141***<br>(0.0003) |

① 根据表 8-1 可以得出相同结果。对于制造业，无研发有广告及有研发有广告企业的样本数分别为 30371 和 18956，算出有广告企业的研发比率为 18956/(30371+18956) = 0.3843。同样，根据无研发无广告及有研发无广告企业样本数 245507 和 15274，算出无广告企业的研发比率为 15274/(15274+245507) = 0.0586。因此，有广告的企业进行研发的比率比没有广告的企业要高（0.3843−0.0586）0.3257。由于回归（1）中用的数据进行了新的样本筛选，所以略有差异，相差 0.0001。考虑四舍五入的操作误差，可以忽略不计。

续表

| 变量 | 被解释变量 $Y_D$ | | |
|---|---|---|---|
| | 回归（1） | 回归（2） | 回归（3） |
| 企业年龄 *AGE* | | | 0.0021*** <br>（6.34E-05） |
| $R^2$ | 0.1444 | 0.1706 | 0.1870 |
| Prob（F-statistic） | 0.0000 | 0.0000 | 0.0000 |
| N | 309208 | 309208 | 303591 |

注：*** 表示在1%的水平下显著，括号内是标准误。

回归（2）的估计结果至少让人降低了企业拥有广告行为而削弱从事研发激励的疑虑，并且主营业务收入保持不变时也是如此。不过，企业做出广告行为是否真的能够促进企业制定研发战略呢？为了估计结果的准确性，需要控制其他一些既影响企业研发又可能影响广告策略的变量。分别控制以下变量：①企业生产率。生产率是联系企业研发与生产状况的桥梁，企业研发可以提高生产率，而高生产率又可能会带动研发。尽管目前没有确切证据表明企业生产率会影响广告策略，但生产率越高的企业应该更具备广告营销的能力。对于如何计算生产率，为了不造成严重的多重共线性问题，采用近似劳动生产率 *LTFP*。由于工业增加值更能体现企业当期生产的边际贡献，因此 $LTFP=\ln(Q/L)$，其中 $Q$ 与 $L$ 分别是“工业增加值”与“全部从业人员年平均人数”。由于存在 3933 个工业增加值是非正的样本，删除之。另外，删除 798 个 $L<8$ 的样本。在计算生产率 *LTFP* 以后，发现 292 个样本生产率是非正的①，违背实际经济情形而删除之。②企业规模 *scale*。对于企业规模，利用固定资产的对数值来衡量。存在 491 个“固定资产合计”非正的样本，删除之。③企业出口决策。企业出口对研发与广告决策都有影响，定义虚拟变量 $EX_D=\begin{cases}1, & if \quad ex>0\\0, & if \quad ex=0\end{cases}$，其中 *ex* 是“出口交货值”。④企业补贴规模。获得财政补贴可以影响企业研发投入，并且体现了中国宏观政策执行者对企业研发活动的重视与关注程度。补贴与企业广告

① 由于《中国工业企业数据库》中以货币记录的变量单位是千元，所以会出现员工人数超过工业增加值的情形。不过，为了统一使用货币单位，直接用原始数值并删除少量生产率非正的样本，这样不会对实证结果造成严重影响。

也具有相关性。删除 55 个“补贴收入”为负值的样本，保留数值为 0 的样本，因为企业没有得到财政资金补贴是符合实际经济情形的。设定变量补贴规模 $SUBS=\ln(subsidy+1)$，其中 $subsidy$ 是企业的补贴收入。⑤企业年龄。企业生存时间越久，一般会有越多经验从事研发，并且老字牌企业会非常重视广告营销及产品品牌效应。所用数据库记录了企业的“开业（成立）时间：年”，利用 2007 减去该值得到企业年龄 $AGE$。算出的企业年龄中，有 48 个样本超过 100 年，尽管实际经济情形中的确存在百年老店，但为了尽量不受异常样本的影响，故删除之。将以上控制变量引入方程并利用新筛选的样本重新进行 OLS 估计，结果报告在表 8-3“回归（3）”中。根据估计结果发现，在控制其他可能影响企业研发与广告决策的各种因素后，企业广告决策对研发战略的偏效应依然显著为正。因此，做广告的企业应该更有可能制定并实施研发战略。

通过经验研究发现，中国制造业企业拥有广告活动不仅不会削弱研发战略的制定与实施，反而会激励企业从事研发。那么，对于既研发又广告的企业研发投入经费随着广告支出经费增加会如何变化呢？为了进行检验，选用“研究开发费”与“广告费”都大于 0 的样本，共计有 18639 个。构造被解释变量 $Y_S=\ln(rd)$ 与解释变量 $X_S=\ln(ad)$，按照表 8-3 中的顺序重做检验，估计结果报告在表 8-4 中。

从表 8-4 中“回归（4）”的估计结果中可以看出，企业广告支出与研发支出呈显著的正相关关系。即使维持主营业务收入不变，企业广告支出对研发支出的偏效应依然显著为正，不过大小降低了一半以上［“回归（5）”］。如果控制其他可能影响企业研发与广告支出的因素，广告支出规模与研发支出规模依然呈显著的正相关关系［“回归（6）”］。因此，有理由相信广告支出增加会激励企业投入更多资金去从事研发。

**表 8-4　检验结果（二）**

| 变量 | 被解释变量 $Y_S$ | | |
|---|---|---|---|
| | 回归（4） | 回归（5） | 回归（6） |
| 常数项 $C$ | 3.6298*** <br>（0.0358） | −2.9074*** <br>（0.1003） | −2.1506*** <br>（0.1040） |
| 解释变量 $X_S$ | 0.4771*** <br>（0.0070） | 0.2220*** <br>（0.0073） | 0.2195*** <br>（0.0071） |

续表

| 变量 | 被解释变量 $Y_S$ | | |
|---|---|---|---|
| | 回归（4） | 回归（5） | 回归（6） |
| 主营业务规模 $R_M$ | | 0.6789 ***<br>(0.0099) | 0.4875 ***<br>(0.0163) |
| 生产率 *LTFP* | | | 0.0233<br>(0.0161) |
| 企业规模 *scale* | | | 0.0921 ***<br>(0.0120) |
| 出口决策 $EX_D$ | | | 0.4144 ***<br>(0.0296) |
| 补贴规模 *SUBS* | | | 0.0818 ***<br>(0.0046) |
| 企业年龄 *AGE* | | | 0.0080 ***<br>(0.0012) |
| $R^2$ | 0.2002 | 0.3621 | 0.3869 |
| Prob（F-statistic） | 0.0000 | 0.0000 | 0.0000 |
| N | 18639 | 18639 | 18639 |

注：*** 表示在1%的水平下显著，括号内是标准误。

依据回归（1）~回归（6）的估计结果，可以明确地打消企业广告策略会削弱研发战略的担忧。总结得到以下经验命题：

具有广告行为的企业比不做广告的企业具有更高概率从事研发。即使主营业务收入保持不变，该结论依然成立。控制其他可能影响企业研发与广告的各种因素后，广告企业依然具有更高的概率从事研发。因此，企业广告行为使其具有更大激励制定与实施研发战略。如果聚焦于既有广告又有研发的企业，企业广告与研发经费呈显著的正相关关系，即使控制主营业务收入及其他各种影响两者的因素，结论依然如此。因此，提高广告支出激励企业增加研发投入。

总的来看，经验估计结果应该能够打消观察者对企业广告削弱研发的种种担忧，因为企业广告策略对研发战略具有促进作用。那么，这一实证检验结果是否稳健呢？

## （三）稳健性检验

对于表8-3的回归（3），利用概率单位模型（Probit）与对数单位模型（Logit）重新估计。表8-5中“回归（7）”与“回归（8）”分别报告了估计结果。

**表8-5　稳健性检验（一）**

| 变量 | 被解释变量 $Y_D$ | | | |
|---|---|---|---|---|
| | 回归（7）：Probit | 回归（8）：Logit | 回归（9） | 回归（10） |
| 常数项 $C$ | -3.6022***<br>(0.0274) | -6.5613***<br>(0.0519) | -0.1014***<br>(0.0105) | -0.4665***<br>(0.0099) |
| 解释变量 $X_D$ | 1.1055***<br>(0.0074) | 1.9982***<br>(0.0132) | 0.2207***<br>(0.0019) | 0.3104***<br>(0.0021) |
| 主营业务规模 $R_M$ | 0.1220***<br>(0.0041) | 0.2200***<br>(0.0078) | 0.0053***<br>(0.0012) | 0.0361***<br>(0.0012) |
| 生产率 $LTFP$ | 0.0222***<br>(0.0039) | 0.0443***<br>(0.0074) | 0.0096***<br>(0.0007) | -0.0007<br>(0.0009) |
| 企业规模 $scale$ | 0.0567***<br>(0.0028) | 0.1119***<br>(0.0055) | 0.0054***<br>(0.0005) | 0.0111***<br>(0.0007) |
| 出口决策 $EX_D$ | 0.1817***<br>(0.0077) | 0.3361***<br>(0.0145) | 0.0118***<br>(0.0015) | 0.0451***<br>(0.0019) |
| 补贴规模 $SUBS$ | 0.0564***<br>(0.0015) | 0.0966***<br>(0.0027) | 0.0112***<br>(0.0004) | 0.0137***<br>(0.0004) |
| 企业年龄 $AGE$ | 0.0099***<br>(0.0004) | 0.0184***<br>(0.0007) | 0.0004***<br>(0.00008) | 0.0032***<br>(0.0001) |
| $R^2$ | | | 0.0963 | 0.2097 |
| Prob（F-statistic） | | | 0.0000 | 0.0000 |
| Log likelihood | -83419.09 | -83519.21 | | |
| McFadden $R^2$ | 0.2099 | 0.2089 | | |
| Probability（LR stat） | 0.0000 | 0.0000 | | |
| N | 303591 | 303591 | 151796 | 151795 |

注：*** 表示在1%的水平下显著，括号内是标准误。

根据极大似然估计结果，自变量 $X_D$ 与因变量 $Y_D$ 依然具有显著的正相关关系。由于Probit模型与Logit模型极大似然估计系数需要乘以各自的比例因子才能与线性概率模型（LPM）的OLS估计系数进行比较，鉴于该比例因子存在多种算法，在此不进行具体计算。不过，Logit模型估计系数的绝对值要高于Probit模型，而LPM的OLS估计系数绝对值最低。自变量 $X_D$ 对因变量 $Y_D$ 的偏效应，使用LPM、Probit与Logit进行估计得到的系数分别为0.2791、1.1055与1.9982，符合经验规律。总之，根据估计系数的正负值及其显著性，能够判断企业广告决策 $X_D$ 对研发决策 $Y_D$ 具有显著的正向影响，并且这种影响是稳健的。

由于主营业务收入是同时影响企业研发与广告决策的最主要因素，估计企业广告决策对研发的影响是否稳健，可以从主营业务收入规模 $R_M$ 的中位数将样本对分，分别进行OLS回归，估计结果列在表8-5的"回归（9）"和"回归（10）"中，其中回归（9）是主营业务收入规模较低的一组。根据估计结果，由于主营业务收入规模的影响，回归（9）中的自变量系数低于回归（10）。自变量 $X_D$ 对因变量 $Y_D$ 的偏效应均显著为正，再次表明企业拥有广告行为会激发其制定与实施研发战略这一结论是稳健的。

对于既研发又广告的企业，它们增加广告支出会使研发投入显著地提高。为了检验这一影响是否稳健，同样从主营业务规模的中位数将回归（6）的样本对分，然后分别进行回归。结果报告在表8-6中，其中"回归（11）"使用了主营业务规模 $R_M$ 相对较小的样本，"回归（12）"相对较大。根据回归（11）与回归（12）的估计结果，广告支出规模与研发支出规模均呈显著的正相关关系。因此，企业广告支出与研发投入之间的显著正相关关系是稳健的。耐人寻味的是，用主营业务规模相对较大的一半样本进行估计时［回归（12）］，广告支出规模对研发支出规模的偏效应却相对较小，这可能缘于研发固有的性质。研发风险性与长期性意味着企业规模大小与营业额高低是影响研发支出的主要因素。当主营业务规模较大时，企业规模及主营业务收入规模对研发的贡献会很大，例如回归（12）中 $R_M$ 与 *scale* 的估计系数相对回归（11）提高了很多，从而"冲淡"了广告支出规模刺激研发规模的偏效应。广告支出规模对研发支出规模的显著正向影响，在分样本回归中通过了稳健性检验。

表 8-6　稳健性检验（二）

| 变量 | 被解释变量 $Y_S$ | | 被解释变量 $rd$ |
|---|---|---|---|
| | 回归（11） | 回归（12） | 回归（13） |
| 常数项 $C$ | -0.6976***<br>(0.2405) | -3.2154***<br>(0.2291) | 1779.215<br>(2169.515) |
| 解释变量 $X_S$ | 0.3055***<br>(0.0108) | 0.1653***<br>(0.0096) | |
| 解释变量 $ad$ | | | 0.1024***<br>(0.0102) |
| 主营业务规模 $R_M$ | 0.3426***<br>(0.0284) | 0.5756***<br>(0.0294) | |
| 主营业务收入 $revenue_{main}$ | | | 0.0147***<br>(0.0002) |
| 生产率 $LTFP$ | 0.0536**<br>(0.0221) | 0.0088<br>(0.0233) | -650.7835*<br>(441.5922) |
| 企业规模 $scale$ | 0.0450***<br>(0.0146) | 0.1175***<br>(0.0201) | |
| 固定资产合计 | | | -0.0118***<br>(0.0006) |
| 出口决策 $EX_D$ | 0.2245***<br>(0.0401) | 0.5628***<br>(0.0429) | 999.9897<br>(874.1796) |
| 补贴规模 $SUBS$ | 0.1236***<br>(0.0075) | 0.0597***<br>(0.0059) | |
| 补贴收入 | | | 0.2362***<br>(0.0340) |
| 企业年龄 $AGE$ | 0.0049**<br>(0.0019) | 0.0087***<br>(0.0015) | 37.8991<br>(35.3673) |
| $R^2$ | 0.1748 | 0.2887 | 0.3178 |
| Prob（F-statistic） | 0.0000 | 0.0000 | 0.0000 |
| N | 9320 | 9319 | 18639 |

注：** 表示在 5%的水平下显著，*** 表示在 1%的水平下显著，括号内是标准误。

检验企业广告支出对研发投入的偏效应时，为了消除异常样本可能造成的影响，采取了对数化直接利用货币统计的变量。由于样本容量巨大，接下来尝试直接检验企业广告支出费用 $ad$ 对研发投入费用 $rd$ 的影响。另外，直接利用货币计量的“主营业务收入”、“固定资产总计”（企业规模）及“补贴收入”，估计结果报告在表 8-6 的回归（13）中。根据估计结果，企业“广告费”与“研究开发费”依然呈显著的正相关关系。因此，有关企业广告支出对研发投入的显著正向影响再次通过了稳健性检验。

总之，企业广告策略对研发战略的显著正向影响通过了稳健性检验。利用中国制造业企业微观数据进行实证检验发现，广告行为对于企业做出研发战略的确具有某种推动作用。这一结论的最终形成，意味着本章已经构建出较为完备的有关企业广告策略与研发战略之间逻辑关系的理论与经验命题。

## 五、结论

研发创新行为对企业的影响是一个长期过程，而广告营销可以在短期内增加企业商品的市场销售。鉴于此，可以将研发看成企业的战略，而将广告当作企业的策略。那么，企业这两种行为之间存在何种逻辑关系呢?厘清这一问题不仅具有理论上的指导意义，更会服务于企业管理者的日常经营决策。

在中国政策制定者相对重视企业研发战略而没有激励去刺激企业广告策略这一情境下，通过理论阐述得到理性的企业管理者会以实现某种目标的最优化，比如利润最大化作为分配研发与广告资源的决策依据。对长期内才能在生产领域发生影响的研发战略与在短期内就可在销售环节产生效果的广告策略，如果假定它们对企业最优化目标的影响是相互独立的，那么，企业做出最优化决策时，它们之间唯独在预算约束层面具有联系。理性企业管理者根据最优化目标分别确定他们的最优支出规模，接着会对实际研发与广告支出进行动态调整以实现最优化目标。在这一动态调整过程中，研发与广告之间会出现此消彼长或者同增同减的情形。不过，不能简单地将这种同时出现的动态变化看作两者之间的理论关系，否则就会产生严重的逻辑错误，因为它们变化的共同原动力是企业最优化目标。

如果假设企业广告与研发对最优化目标的影响并不相互独立，那么它们对最优化目标的影响一般满足相互加强的特性。这反过来会让企业研发与广告本身具有逻辑关联。企业执行某一研发项目，无论其目的是得到新产品，还是提高产品质量或者带动生产技术进步，都会让企业增加广告支出变得更加有利可图。企业研发战略对广告策略的积极影响相对比较容易理解。目前，更令人担忧的是企业越来越热衷于广告营销，会削弱具有技术及福利溢出效应的企业研发战略。为了验证观察者的这一担忧是否具有理论意义，构建一个简单数理模型进行机理分析，得出理性的企业经营者增加广告支出，一般都会让企业更有激励去执行某一研发项目，即广告策略对研发战略会有促进作用。这一命题是理解企业研发战略与广告策略逻辑关系的重中之重，因此利用中国制造业企业微观经营数据对此进行实证检验，结果发现：①初步统计数据看出，大约 80%的中国制造业企业既没有做广告营销也没有进行研发投资。因此，中国制造业企业在广告策略与研发战略上具有较大的发展空间。做广告企业的数目要比研发企业多，然而企业广告的平均支出明显低于研发平均支出。既有研发又有广告企业的研发平均支出高于有研发无广告的企业，其广告平均支出也高于无研发有广告的企业，这可能因为既有研发又有广告企业具有更高的主营业务收入。这些经验事实说明企业广告策略与研发战略并非一种“鱼和熊掌不可兼得”的关系。②通过构造企业广告与研发的虚拟变量，利用中国制造业企业样本进行实证检验，发现企业广告决策与研发决策呈显著的正相关关系。在控制主营业务收入变量及其他可能影响研发与广告的变量后，它们之间的显著正相关关系依然成立。因此，具有广告行为的企业更有可能制定与实施研发战略。利用 Probit 模型与 Logit 模型进行极大似然估计，同样可以发现两者之间呈显著的正相关关系。将全体样本从主营业务收入中位数一分为二，分别回归也都得到两者间呈显著的正相关关系。据此看出，企业广告决策对研发决策的显著正向影响是稳健的。③选取中国制造业企业中既有研发又有广告的企业样本，通过变量对数化构造企业广告支出规模与研发投入规模。实证检验发现，广告支出规模与研发投入规模呈显著的正相关关系。在控制企业主营业务收入规模及其他可能的影响因素后，这种显著的正相关关系依然成立。因此，企业广告支出对研发投入具有促进作用。将主营业务收入规模从中位数划为两组样本分别进行回归，估计结果都支持两者之间存在显著的正相关关系。如果直接利用货币变量进行实证检验，企业广告费与研发投入之间同样呈显著的正相关关系。因此，企业广告支出增加带动研发投入的提高通过了稳健性检验。

企业广告策略与研发战略之间具有相互促进的逻辑关系，这让企业管理者在同时利用这两种手段时更加具有决策空间。特别值得欣慰的是，中国制造业企业没有出现因为广告扩张而削弱企业从事研发活动的激励，从而化解了中国政策制定者与观察者对企业热衷于广告营销而忽视研发创新的担忧。这对中国制造业企业的长期健康发展来说是很有意义的。

（本章主要内容曾发表于《制度经济学研究》2017 年第 2 期）

第九章

# 中国制造业企业工资决定因素之员工学历和性别

在中国制造业企业发展过程中，企业员工的工资水平及其决定机制关系到民生基础。发展成果要由人民群众共享，制造业企业员工的工资水平是工薪阶层享受经济发展成果的一个指标。如果制造业企业的发展无法改善对此做出贡献的企业员工的生活水平，那么这种发展是难以持续与稳定的。鉴于此，本书最后一章从中国制造业企业工资决定机制这一视角出发，研究发展中的分配问题，其中突出强调制造业企业员工学历与性别的影响。只有当制造业企业妥善解决了就职员工的工资与福利问题以后，企业发展才能得到员工的衷心拥护，发展的势头才会持久。

## 一、研究背景

学历与性别对于劳动者的影响特别是对劳动者工资的影响一直以来受到了学者们的广泛关注。Spence（1973）开创的信号传递理论认为，雇用者对于应聘者能力的认定取决于其所获学历，从而学历是其能力的一个显示信号，这样高学历应聘者被认定为具有高能力，从而获取高薪水，这是从劳动力市场博弈角度分析了学历作用，这也是研究学历效应的基础论著。关于学历对劳动者工资影响的经验研究并不多见，徐舒等（2011）运用1989~2006年中国健康与营养调查（CHNS）数据研究劳动者个体残差收入不平等时发现，高学历劳动者与低学历劳动者实际收入差距随着潜在能力价格的重要性不同而逐渐扩大，从而支持了高学历能够给劳动者带来高收入的论点。吴愈晓（2011）运用2009年中国社会网络与职业经历调查的五市数据研究了决定高学历与低学历劳动者收入的不同力量，研究认为职业流动是提高低学历劳动者的重要因素，而人力资本是影响高学历劳动收入分层的最重要因素，从而揭示了高学历劳动者与低学历劳动者之间存在的收入差异。

目前关于劳动者学历效应的经验研究主要是基于劳动者调查报告所得到的样本数据，由于劳动者报告其学历及收入时所存在的主观性可能影响研究结论，所以从企业角度研究学历对于劳动者工资的影响将是一个全新角度。刘文等（2011）基于我国民营制造业的调查研究了劳动者学历对隐性人力资本的影响而带来劳动者绩效的改变，尽管该文是从企业角度研究劳动者的绩效，不过没有关注劳动者学历与其工资的相关性，并且数据仅集中于通过调查所获取的民营企业经营数据，稀少的样本容量也可能会带来检验结论的不准确。笔者获取了 2004 年中国工业经济普查数据，该数据分别按照男女性别记载了企业员工的学历分布，这是从企业角度研究学历对劳动者工资影响的极其宝贵的数据资源。由于研究性别对劳动者工资的影响也颇有意义（迟巍，2008），该数据库关于员工性别的划分可以用来检验性别对于劳动者工资的影响，并且由于员工学历数据的存在性，可以保持企业员工学历不变来估计性别对于工资的影响，这是现有运用企业数据研究性别对于劳动者工资的影响（Zhang and Dong，2008）所很难实现的。

本章提出一个简单的数理模型来讨论工资水平的决定机制问题，接着利用较为翔实的数据资源来实证检验中国制造业企业工资决定机制中的几个重要问题。

## 二、数理模型

为了构建旨在解释制造业企业管理者为不同学历劳动者支付工资差异的决定模型，前几章所介绍的 Melitz（2003）异质性企业贸易模型这一分析框架可用于本章分析。由于要强调劳动经济学中的工资决定机制这一新问题，需要做出某些与原模型略有不同的假设条件，所以本章依然从模型第一步开始阐述。对于市场上存在的商品进行标号 $\{1, 2, \cdots, n\}$，假设消费者对任意商品 $v \in \{1, 2, \cdots, n\}$ 的消费数量为 $q_v$，并且消费者效用函数是 C. E. S 型，即 $U = \left(\sum_{v=1}^{n} q_v{}^{\rho}\right)^{\frac{1}{\rho}}$，其中 $\rho$ 是参数并且满足 $0<\rho<1$，这样任意两种商品之间的替代弹性 $\sigma = \frac{1}{1-\rho}$是固定不变的，并且根据 $\rho$ 的取值范围可以看出 $\sigma>1$。假设商品 $v$ 的价格为 $p_v$，根据 Dixit 和 Stiglitz（1977）的研究思路，构造价格指数 $P = \left(\sum_{v=1}^{n} p_v^{\ 1-\sigma}\right)^{\frac{1}{1-\sigma}}$，再构造数量指数 $Q \equiv U = \left(\sum_{v=1}^{n} q_v^{\ \rho}\right)^{\frac{1}{\rho}}$，从而商品 $v$ 的消费数量为：

$$q_v = Q\left(\frac{p_v}{P}\right)^{-\sigma},\ v=1,\ 2,\ ...,\ n \tag{9-1}$$

在需求市场上关于商品的总支出 $R = \sum_{v=1}^{n} p_v q_v = \sum_{v=1}^{n} r_v = PQ$，其中 $r_v$ 是关于商品 $v$ 的支出，并且有：

$$r_v = p_v q_v = p_v Q\left(\frac{p_v}{P}\right)^{-\sigma} = PQ\left(\frac{p_v}{P}\right)^{1-\sigma} = R\left(\frac{p_v}{P}\right)^{1-\sigma},\ v=1,\ 2,\ \cdots,\ n \tag{9-2}$$

分析了市场需求特征以后，接下来重点研究企业生产经营决策。为了分析的简化，假设企业只使用劳动力这一种生产要素，首先假设劳动力是同质的，企业在投入生产以后，其产量 $q$ 取决于所使用的劳动量 $L$ 及企业生产率 $\varphi$，不妨认为 $q-\varphi L$。假设企业对同质劳动力支付相同的工资 $w$，从而企业生产的可变成本为 $wL=w\dfrac{q}{\varphi}$，不妨认为企业生产的固定成本为 $f$，从而企业生产产量为 $q$ 的总成本 $C$ 为：

$$C = w\frac{q}{\varphi}+f \tag{9-3}$$

假设企业处于垄断竞争的商品市场，从而企业具有能力制定商品价格，由企业总成本函数可以得出其边际成本 $MC=\dfrac{dC}{dq}=\dfrac{w}{\varphi}$，由于市场上任意两种商品的替代弹性是固定不变的 $\sigma$，从而与计价物（numeraire）之间的替代弹性 $\sigma$ 可以看成该商品的价格弹性，根据边际成本加成定价法则，企业制定的价格为：

$$p = MC\cdot\frac{1}{1-\frac{1}{\sigma}} = \frac{w}{\varphi}\cdot\frac{\sigma}{\sigma-1} = \frac{w}{\rho\varphi} \tag{9-4}$$

在市场实现均衡时，企业的产出量等于市场对其产品的消费量，从而将式（9-4）代入式（9-1）可以得出企业产量为：

$$q = Q\left(\frac{P\rho\varphi}{w}\right)^{\sigma} \tag{9-5}$$

将式（9-4）代入式（9-2）可以得出企业销售收入为：

$$r = R\left(\frac{P\rho\varphi}{w}\right)^{\sigma-1} \tag{9-6}$$

利用式（9-4）及 $1-\rho=1/\sigma$ 可以得到企业所获得的利润 $\pi$ 与销售收入 $r$ 之间具有如下关系：

$$\pi = r - C = r - w\frac{q}{\varphi} - f = r\left(1-\frac{w}{p\varphi}\right) - f = r(1-\rho) - f = \frac{r}{\sigma} - f \tag{9-7}$$

将式（9-6）代入式（9-7）有：

$$\pi = \frac{R}{\sigma}\left(\frac{P\rho\varphi}{w}\right)^{\sigma-1} - f \tag{9-8}$$

与经典模型的不同之处就在于对企业利润的考虑，由于假设企业处在垄断竞争市场，从而其所获得的利润会被新企业进入而不断侵蚀，即企业在长期中利润应该等于0。企业可能不断地通过新技术的引进、新产品的开发及高技能员工的聘用而保持企业蓬勃发展并获得可观的利润，但是企业利润等于0是一种市场自然趋势，即一种不随企业而转移的客观力量，而正是这种客观力量反映出企业为员工支付工资的意愿。通过这些论述，可以得出以下极具色彩性的式子：

$$\pi \to 0,\ t \to \infty \tag{9-9}$$

其中，$t$ 代表企业在市场上存活的时间。将式（9-8）代入式（9-9）有：

$$\frac{R}{\sigma}\left(\frac{P\rho\varphi}{w}\right)^{\sigma-1} - f \to 0,\ t \to \infty \tag{9-10}$$

将式（9-10）变形可以得出企业支付的工资趋势：

$$w \to P\rho\varphi\left(\frac{R}{\sigma f}\right)^{\frac{1}{\sigma-1}},\ t \to \infty \tag{9-11}$$

其实式（9-11）正好表达出企业在长期中对企业员工平均工资的支付意愿，不妨写成 $E(w)=G\varphi$，其中 $G=P\rho\left(\frac{R}{\sigma f}\right)^{\frac{1}{\sigma-1}}$，可以看出企业对劳动者工资的支付意愿与生产率呈比例关系。

以上分析是假设企业雇用的劳动力是同质的，其实在考虑劳动者学历异质性时就会特别明显地看出工资支付意愿所存在的差异。假设企业雇用的高学历劳动者为 $l^h$，所支付的工资为 $w^h$，雇用的低学历劳动者为 $l^l$，所支付的工资为 $w^l$，而企业生产率 $\varphi$ 取决于企业员工的平均能力 $e$ 与其他可能因素，即 $\varphi=\varphi(e, X)$，自然能够看出$\partial\varphi/\partial e>0$，而员工的平均能力 $e$ 唯一决定于企业高学历劳动者与低学历劳动者的相对比例，即 $e=e(o)=e(l^h/l^l)$，其中 $o=l^h/l^l$，并且 $de/do>0$，这样就有：

$$\frac{\partial\varphi}{\partial o}=\frac{\partial\varphi}{\partial e}\frac{de}{do}>0 \tag{9-12}$$

运用边际分析法[①]并根据式（9-12）就可以看出企业雇用不同学历员工的工资支付意愿差异，当企业增加雇用高学历员工时，由于$\frac{\partial\varphi}{\partial l^h}=\frac{\partial\varphi}{\partial o}\frac{\partial o}{\partial l^h}>0$，根据式（9-11）可以看出企业为高学历员工的工资支付意愿 $E(w^h)>E(w)$，同样，当企业增加雇用低学历员工时，由于$\frac{\partial\varphi}{\partial l^l}=\frac{\partial\varphi}{\partial o}\frac{\partial o}{\partial l^l}<0$，从而企业为低学历员工的工资支付意愿 $E(w^l)<E(w)$，综合以上论述有：

$$E(w^h)>E(w)>E(w^l) \tag{9-13}$$

通过式（9-13）及以上论述可以得出以下命题：

企业认为持有高学历的劳动者所带来的生产率贡献要超过低学历劳动者，而生产率是决定企业工资支付意愿的关键因素，从而企业为高学历劳动者的工资支付意愿要高于低学历劳动者，从而高学历劳动者很有可能获得比低学历劳动者更高的工资水平。

## 三、实证检验

### （一）数据来源与筛选

目前，用于研究学历对劳动者工资影响的数据基本上均来自于劳动者的调查报告，这类调查报告根据被访劳动者学历、工资及其他方面的报告结果整理而得。不过，运用劳动者调查数据可能会存在很难回避的主观性偏差。例如，学历越高的劳动者更倾向于报告高工资。如果能用劳动者学历与工资的客观数据进行检验，那么结果的可信性将大大提高，这样的客

① 即考虑企业已经处于一个相对平衡的状态，从而可以根据式（9-11）看出企业支付平均工资的趋势，接着分别考虑企业增加高学历员工与低学历员工时企业分别进行的边际工资支付意愿。

观数据无疑就是企业经营报表，因为企业进行经营报表统计时，在企业员工学历与支付工资方面会相对客观地进行统计。

本书前面部分所介绍的《中国工业企业数据库》，其最新年份一般是2009年，但是2005~2009年中没有员工学历方面的相关统计，从而无法用于本章的实证检验。2004年来自于中国经济普查数据，该年份对于企业员工的学历分布进行了详细统计，2004年以前的年份也未进行企业员工学历分布方面的统计，所以本章只能使用2004年数据中的制造业企业数据进行检验。根据本书前面章节及谢千里等（2008）与张杰等（2009）对样本筛选的思想，本章做如下数据筛选工作：①删除一些变量明显具有统计错误的样本，如各种学历人员被统计为负值的样本；②对于企业经营状态，数据库中共分为五类，即正常营业、停业、筹建、撤销和其他，删除非正常营业状态的企业样本；③企业员工总数不超过8人的样本，也予以删除；④为了防止异常样本的影响，删除支付工资总额低于10万元的样本。通过样本筛选后，再进行相关的数据描述工作。

### （二）学历对工资的影响

首先研究学历对于劳动者工资的影响，为了能够使用企业数据进行相关检验并得出估计结果，假设同一行业中为相同学历员工支付的工资水平相同。数据库中关于每个企业样本统计了支付工资总额 $W$ 及按照学历计算的员工人数分布情况，其中不妨认为初中、高中、大专、本科与研究生学历的人数分别为 $N^1$、$N^2$、$N^3$、$N^4$ 与 $N^5$，员工总数为 $N$，从而很自然地得到 $N=N^1+N^2+N^3+N^4+N^5$，不妨认为企业为初中、高中、大专、本科与研究生学历的劳动者支付的工资分别为 $w^1$、$w^2$、$w^3$、$w^4$ 与 $w^5$，从而有 $W=\sum_{u=1}^{5} w^u N^u$ 成立。为了验证学历对于工资是否具有影响，主要考察相邻学历劳动者的工资是否存在差异，首先，将初中学历工资作为基准，其他学历工资相对于初中学历工资存在变化，即 $w^u=w^1+\gamma^{1u}$，其中 $u\in\{2, 3, 4, 5\}$，改写工资公式有 $W=w^1N+\gamma^{12}N^2+\gamma^{13}N^3+\gamma^{14}N^4+\gamma^{15}N^5$，两边同时除以员工总数有 $HW=w^1+\gamma^{12}R^2+\gamma^{13}R^3+\gamma^{14}R^4+\gamma^{15}R^5$，其中 $HW$ 是企业的人均工资，$R^u$ 分别是各种学历员工占比。其次，将其他学历的工资作为基准可以得出类似的公式，综合写成以下方程组：

$$
\begin{cases}
HW = w^1 + \gamma^{12} R^2 + \gamma^{13} R^3 + \gamma^{14} R^4 + \gamma^{15} R^5 \\
HW = \gamma^{21} R^1 + w^2 + \gamma^{23} R^3 + \gamma^{24} R^4 + \gamma^{25} R^5 \\
HW = \gamma^{31} R^1 + \gamma^{32} R^2 + w^3 + \gamma^{34} R^4 + \gamma^{35} R^5 \\
HW = \gamma^{41} R^1 + \gamma^{42} R^2 + \gamma^{43} R^3 + w^4 + \gamma^{45} R^5
\end{cases}
\tag{9-14}
$$

在方程组（9-14）中，根据 $\gamma^{u,u+1}$ 就能看出相邻学历之间劳动者工资是否存在差异，从而根据这样的差异性就可以判断学历对于劳动者工资是否存在影响。前文已假设同一行业为相同学历劳动者支付相同工资，用下标 $ij$ 表示处于行业 $j$ 的企业 $i$ 的变量取值，从而根据方程组（9-14）建立以下检验方程组：

$$
\begin{cases}
HW_{ij} = C_j^1 + \gamma_j^{12} R_{ij}^2 + \gamma_j^{13} R_{ij}^3 + \gamma_j^{14} R_{ij}^4 + \gamma_j^{15} R_{ij}^5 + \varepsilon_{ij}^1 \\
HW_{ij} = C_j^2 + \gamma_j^{21} R_{ij}^1 + \gamma_j^{23} R_{ij}^3 + \gamma_j^{24} R_{ij}^4 + \gamma_j^{25} R_{ij}^5 + \varepsilon_{ij}^2 \\
HW_{ij} = C_j^3 + \gamma_j^{31} R_{ij}^1 + \gamma_j^{32} R_{ij}^2 + \gamma_j^{34} R_{ij}^4 + \gamma_j^{35} R_{ij}^5 + \varepsilon_{ij}^3 \\
HW_{ij} = C_j^4 + \gamma_j^{41} R_{ij}^1 + \gamma_j^{42} R_{ij}^2 + \gamma_j^{43} R_{ij}^3 + \gamma_j^{45} R_{ij}^5 + \varepsilon_{ij}^4
\end{cases}
\tag{9-15}
$$

为了能够进行显著性判断，必须利用筛选后的样本数据对方程组（9-15）中的每个方程分别进行检验，估计得到的 $\hat{\gamma}_j^{u,u+1}$ 及其显著性就可以看出行业 $j$ 中相邻学历之间所得到的工资是否存在差异，这样认为，如果 $\hat{\gamma}_j^{u,u+1}$ 在一定的显著性水平下大于 0，那么学历 $u+1$ 对于劳动者工资具有积极影响，如果 $\hat{\gamma}_j^{u,u+1}$ 在一定的显著性水平下小于 0，那么学历 $u+1$ 对于劳动者工资具有消极影响，如果 $\hat{\gamma}_j^{u,u+1}$ 不能显著拒绝等于 0 的虚拟假设，则学历 $u+1$ 对于劳动者没有明显的影响。表 9-1 报告了估计结果。

**表 9-1　$\gamma_j^{u,u+1}$ 的估计结果**　　单位：千元/年

| 代码 | $\hat{\gamma}^{12}$ | $\hat{\gamma}^{23}$ | $\hat{\gamma}^{34}$ | $\hat{\gamma}^{45}$ | M |
|---|---|---|---|---|---|
| 13 | 1.61***<br>(0.43) | 4.20***<br>(1.10) | 16.67***<br>(2.40) | -14.79***<br>(7.69) | 12803 |
| 14 | 1.10*<br>(0.62) | 9.23***<br>(1.56) | 21.49***<br>(3.15) | 4.37<br>(9.95) | 5059 |
| 15 | 0.19<br>(0.74) | 7.43***<br>(1.81) | 31.09***<br>(3.97) | 43.97***<br>(15.38) | 3209 |
| 16 | 7.80<br>(11.76) | 39.67<br>(27.50) | 65.25<br>(55.45) | -321.34<br>(376.40) | 194 |

续表

| 代码 | $\hat{\gamma}^{12}$ | $\hat{\gamma}^{23}$ | $\hat{\gamma}^{34}$ | $\hat{\gamma}^{45}$ | M |
|---|---|---|---|---|---|
| 17 | 0.02<br>(0.19) | 11.78***<br>(0.76) | 14.87***<br>(1.86) | -17.23**<br>(6.93) | 23473 |
| 18 | 0.85***<br>(0.30) | 6.29***<br>(1.07) | 26.46***<br>(2.54) | 46.73***<br>(8.37) | 11777 |
| 19 | 0.20 (0.55) | 12.07***<br>(2.27) | -4.58<br>(6.76) | -0.002<br>(16.30) | 6185 |
| 20 | 1.13**<br>(0.54) | 13.54***<br>(1.86) | 7.04<br>(4.86) | -30.10**<br>(14.50) | 4788 |
| 21 | 4.24**<br>(1.83) | 16.10***<br>(5.23) | -15.66<br>(12.28) | -10.15<br>(38.94) | 2937 |
| 22 | 1.56***<br>(0.42) | 5.21***<br>(1.33) | 38.96***<br>(3.32) | 21.25<br>(13.00) | 7188 |
| 23 | 1.75***<br>(0.65) | 4.94***<br>(1.65) | 19.00***<br>(3.82) | 26.65*<br>(14.46) | 4770 |
| 24 | 1.11**<br>(0.54) | 16.66***<br>(1.91) | 18.16***<br>(4.41) | -30.05*<br>(15.81) | 3316 |
| 25 | 1.87*<br>(0.95) | 4.15**<br>(2.09) | 33.25***<br>(4.03) | -10.18<br>(10.58) | 1845 |
| 26 | 1.70***<br>(0.38) | 4.85***<br>(0.86) | 36.92***<br>(1.59) | -20.34***<br>(4.60) | 17836 |
| 27 | -2.01**<br>(0.99) | 7.96***<br>(1.84) | 26.69***<br>(3.16) | -12.00<br>(8.10) | 4516 |
| 28 | 2.01<br>(1.54) | 18.56***<br>(5.25) | 15.31<br>(9.90) | -28.61<br>(45.76) | 1445 |
| 29 | 1.29<br>(0.80) | 7.39***<br>(2.51) | 13.57**<br>(5.39) | -23.48**<br>(10.34) | 3052 |
| 30 | 2.80***<br>(0.33) | 6.01***<br>(1.00) | 21.46***<br>(2.30) | 3.24<br>(7.73) | 11861 |
| 31 | 0.57*<br>(0.30) | 8.81***<br>(0.90) | 21.16***<br>(2.00) | -6.59<br>(6.53) | 19179 |

续表

| 代码 | $\hat{\gamma}^{12}$ | $\hat{\gamma}^{23}$ | $\hat{\gamma}^{34}$ | $\hat{\gamma}^{45}$ | M |
|---|---|---|---|---|---|
| 32 | 1.04 *<br>(0.57) | 7.55 ***<br>(1.76) | 19.78 ***<br>(4.18) | -32.10 **<br>(15.44) | 6747 |
| 33 | 0.49<br>(0.73) | 6.68 ***<br>(2.06) | 10.07 **<br>(4.44) | -2.69<br>(12.52) | 5014 |
| 34 | 1.26 ***<br>(0.35) | 6.89 ***<br>(0.99) | 21.54 ***<br>(2.02) | -5.25<br>(6.95) | 13682 |
| 35 | 1.93 ***<br>(0.38) | 4.69 ***<br>(1.00) | 25.02 ***<br>(1.70) | -15.98 ***<br>(5.79) | 19842 |
| 36 | 2.29 ***<br>(0.47) | 5.53 ***<br>(1.02) | 20.98 ***<br>(1.55) | -1.83<br>(3.68) | 10444 |
| 37 | 1.89 ***<br>(0.50) | 8.52 ***<br>(1.33) | 27.37 ***<br>(2.53) | 29.82 ***<br>(8.64) | 11326 |
| 39 | 2.52 ***<br>(0.36) | 3.81 ***<br>(0.93) | 25.48 ***<br>(1.68) | 1.52<br>(4.66) | 15657 |
| 40 | 3.09 ***<br>(0.70) | -0.56 (1.58) | 43.33 ***<br>(2.42) | 10.88 *<br>(6.52) | 8924 |
| 41 | 3.25 ***<br>(1.11) | 2.01<br>(2.05) | 25.80 ***<br>(2.89) | -6.07<br>(7.10) | 3738 |
| 42 | 1.62 ***<br>(0.62) | 14.51 ***<br>(2.14) | 6.84 *<br>(4.15) | 2.99<br>(11.05) | 4953 |
| 43 | 5.91 *<br>(3.51) | -2.74<br>(8.67) | 15.49<br>(20.20) | 27.66<br>(100.35) | 353 |

注：***、** 与 * 分别代表在 1%、5%与 10%的显著性水平上拒绝原假设，括号内是异方差-稳健标准误，M 代表各行业运用检验的样本量。

根据表 9-1 的估计结果，首先想了解各种学历对工资的影响在行业间的动态变化，表 9-2 的简要总结能够较为明显地看出这一点。从表 9-2 可以看出：在 30 个行业中有 22 个行业高中学历的劳动者得到的工资要显著高于初中学历劳动者，存在 1 个行业的高中学历劳动者工资显著低于初中学历劳动者，从而大致可以看出高中学历对于劳动者工资可能具有一定的正向影响；有 26 个行业大专学历劳动者的工资显著高于高中学历，没有行业存在大专学历劳动者工资低于高中学历劳动者，所以比较有信心地认为大专学历对于提高劳动者的工资具有促进影响；有 24 个行业本科劳动者所得到的平均工资要显著高于大专学历劳动者，也不存在本科劳动者得到的平均工资显著低于大专学历劳动者的行业，所以也可以认为本科学历对于劳动者工资具有积极影响；存在 8 个行业的研究生学历劳动者平均工资显著低于本科学历劳动者，仅有 5 个行业研究生学历劳动者的平均工资要显著高于本科生学历，所以很难断定研究生学历对于劳动者工资是否存在正向影响。

**表 9-2　相邻学历工资差异的行业数量**

| 逻辑描述 | 高中相对初中 | 大专相对高中 | 本科相对大专 | 研究生相对本科 |
|---|---|---|---|---|
| 前者显著高于后者 | 22 | 26 | 24 | 5 |
| 前者与后者无显著差异 | 7 | 4 | 6 | 17 |
| 前者显著低于后者 | 1 | 0 | 0 | 8 |

注：数字是满足相应逻辑描述的行业个数。

再回到表 9-1，从第二列可以看出高中学历的劳动者相对初中学历劳动者大约多挣 1 千元/年，从第三列可以看出大专学历的劳动者相对高中学历劳动者多挣 7~8 千元/年，从第四列可以看出本科学历劳动者相对大专学历劳动者大约多挣 20 千元/年，这在 2004 年是相当可观的货币收入差异，从而可以看出高中学历、大专学历与本科学历对于劳动者工资的影响较为稳定，而且是逐渐增强的。不过从第五列看出研究生学历劳动者相对于本科学历劳动者的工资差异在不同行业之间存在巨大波动，行业 18（纺织服装、鞋、帽制造业）研究生学历的劳动者比本科学历劳动者大约多挣 46 千元/年，而行业 32（黑色金属冶炼及压延加工业）研究生学历的劳动者比本科学历劳动者大约要少挣 32 千元/年，从而不能断定研究生学历对劳动者所获得的工资具有正向影响还是负向影响。总结以上论述可以得到以下结论：

**结论 1：**绝大部分行业中，高中学历劳动者的平均工资显著高于初中学历劳动者，大专学历劳动者的平均工资显著高于高中学历劳动者，本科学历劳动者的平均工资显著高于大专学历劳动者，从而可以认为高中学历、大专学历与本科学历对于劳动者工资可能具有正向影响，并且这种影响较为稳定且逐渐增强；而仅在少数行业中，研究生学历劳动者平均工资要显著高于本科学历劳动者，并且研究生学历劳动者平均工资与本科学历劳动者的差异在各行业间表现出剧烈的波动性，所以研究生学历对于劳动者工资的影响难以确定。

### （三）性别对工资的影响

接下来研究劳动者性别对于其工资是否存在影响。自古以来，中国女性歧视问题就一直是伤害女性同胞的严重问题（汤二子，2018）。Zhang 和 Dong（2008）通过研究企业女性员工所占比率与人均工资的相关性来检验“性别歧视”的存在性，但是仅仅关注性别占比与人均工资的相关性还不足以准确了解劳动者性别对其工资的影响，因为企业员工的平均学历也是影响人均工资的重要因素，而根据数据库统计特点明显可以看出企业平均学历与员工性别占比相关。所使用的数据库对于企业按照男女性别统计了各种学历员工人数，从而可以通过检验企业员工在相同平均学历下性别占比对于人均工资的影响来检验性别对于劳动者工资所存在的影响，不过如何衡量企业的平均学历是一个全新的问题，因为现有文献中还没有相关方法用于测算企业员工的平均学历，原因可能是员工学历无法平均或者没有获得存在员工学历具体分布情况的个体企业数据。鉴于目前研究的空白，笔者进行了一次尝试，即定义个体企业的教育得分 *EDU* 变量，将各种学历用教育得分进行量化后就可以进行加权计算平均教育得分，而这样的平均教育得分就可以在很大程度上反映出企业员工的平均学历状况。如何量化五种学历呢？笔者认为，决不能将五种学历按照基数依次赋分，因为知识积累所产生的作用应该是呈指数增长的，对五种学历按照如下规则进行赋分：初中学历赋分为 $e^{-2}$（即 0.135）、高中学历赋分为 $e^{-1}$（即 0.368）、大专学历赋分为 $e^{0}$（即 1）、本科学历赋分为 $e^{1}$（即 2.718）、研究生学历赋分为 $e^{2}$（即 7.389），赋分后就可以计算每个企业的加权平均教育得分，其中权重是企业每种学历员工所占比率。再计算企业女性员工所占比率 *FR*，假设企业的人均工资受到以教育得分衡量的平均学历及可能存在的性别影响，由于此时仅仅关注影响的大致方向而不计算具体数值，所以将行业按照虚拟变量进行控制，从而建立以下检验方程：

$$HW_i = C+\alpha EDU_i+\beta FR_i+\chi(EDU_i \cdot FR_i)+\Upsilon industry+\varepsilon_i \qquad (9-16)$$

其中，*industry* 代表企业所处行业虚拟变量所组成的向量，检验式（9-

16）是否包括其他可能影响企业人均工资的因素，原因是直观上看影响企业支付人均工资的其他可能因素与企业员工学历及女性占比的关系可能并不大，所以对于得到系数的一致估计量影响也不是很大，并且巨大的样本容量再一次保证了能够进行相关的显著性判断。对于式（9-16）的估计结果如表 9-3 所示。

**表 9-3 相关系数估计结果**

| 相关系数 | ① | ② | ③ |
|---|---|---|---|
| *C* | 8.4650*** <br>（0.5492） | 11.6186*** <br>（0.5467） | 11.4415*** <br>（0.5491） |
| $\alpha(EDU)$ | 9.7627*** <br>（0.0644） | 9.1328*** <br>（0.0646） | 9.6265*** <br>（0.1578） |
| $\beta(FR)$ | | -13.6639*** <br>（0.2101） | -12.9056*** <br>（0.3050） |
| $\chi(EDU \cdot FR)$ | | | -2.1882*** <br>（0.6380） |
| *industry* | YES | YES | YES |
| $R^2$ | 0.1097 | 0.1247 | 0.1247 |
| F-statistic | 1010.28 | 1130.99 | 1096.06 |
| N | 246114 | 246114 | 246114 |

注：*** 代表在 1%的显著性水平下拒绝虚拟假设，括号内是异方差-稳健标准误。

从表 9-3 的第一次检验中可以发现，企业员工的平均学历与人均工资呈显著的正相关关系，从而再一次证明了学历对于劳动者工资可能具有正向影响，但是这里检验得出的结论没有表 9-1 具体确切，在此不再赘述；从第二次检验中可以发现，在员工平均学历及其他因素保持不变的情况下，女性员工增加一个百分点，可能会带来人均工资大约 1.4 万元/年的降幅，从而具有很强的证据显示男女工资存在差异，所以可能会存在“性别歧视”，至少现在的证据不能排除“性别歧视”的存在性；通过第三次检验发现，企业平均学历对劳动者工资的正向影响会随着女性员工比率的提高而逐渐削弱，从而学历对劳动者的影响可能会存在性别差异。总结以上的检验与论述，可以得出如下结论：

**结论 2：**在企业员工平均学历保持不变的情况下，企业女性员工所占比率提高可能会降低企业所支付的人均工资，并且员工平均学历对人均工资的正向影响会随着女性员工所占比率而下降。

## 四、结论与启示

本章主要研究了学历与性别对劳动者工资的影响。首先，从利润最大化角度分析了企业对员工的工资支付意愿，企业认为高学历员工所可能具备的高能力能够带来企业生产率的更大提高，从而带来更高的利润，这样企业对于高学历员工具有支付更高工资的意愿，从企业异质性角度提出的工资支付模型为后文所进行的实证检验提供了理论基础。其次，运用 2004 年中国工业经济普查数据分行业检验高中学历相对于初中学历、大专学历相对于高中学历、本科学历相对于大专学历及研究生学历相对于本科学历的劳动者工资是否存在差异，进而通过估计结果差异性及显著性判断认为大部分行业中高中学历、大专学历及本科学历对于劳动者的工资应该具有积极作用，并且这三种学历对于劳动者工资的影响较为稳定并且逐步增强，而研究生学历对于劳动者工资的影响在各行业间存在较为剧烈的波动，并且多数行业显示研究生学历劳动者所获得的工资与本科学历劳动者没有显著差异甚至显著低于本科学历劳动者，所以无法判断研究生学历对于劳动者工资是否具有促进作用。最后，按照指数增长方式给五种学历赋分，然后按照每种学历员工占比进行加权求和得出企业的教育得分，这样的教育得分就可以用来近似衡量企业员工平均学历，在检验中发现保持平均学历不变，如果女性员工所占比率提高，那么企业所支付的平均工资可能会下降，从而可能会存在一定的“性别歧视”，并且员工平均学历对人均工资的正向影响可能会随着女性员工比率提高而减弱。

微观企业数据十分难得，并且关于企业员工学历分布的数据更是微乎其微，本章利用来自于经济普查数据的 2004 年中国工业企业数据库对企业员工分布进行了详细统计，即按照男女性别分别对初中、高中、大专、本科及研究生学历的劳动者数量进行了统计，这对研究劳动者学历与性别对工资的影响提供了宝贵的数据资源，因为使用企业数据进行劳动者方面的相关检验会大大减少数据的主观性，即可认为提供了准实验数据，这对于实证检验所得结论的可靠性与可信性具有重要意义。在了解了制造业企业员工的学历与性别如何影响工资水平以后，企业在激发自身发展潜能的同时，应该重视发展成果要由企业员工共享。只有妥善解决好分配问题，数量庞大的制造业企业员工才会衷心拥护中国制造业企业的发展。

（本章主要内容曾发表于《统计研究》2012 年第 11 期）

# 参考文献

［1］安虎森，皮亚彬，博文广．市场规模、贸易成本与出口企业生产率“悖论”［J］．财经研究，2013（5）．

［2］包群，邵敏．出口贸易与我国的工资增长：一个经验分析［J］．管理世界，2010（9）．

［3］陈波，贺超群．出口与工资差距：基于我国工业企业的理论与实证分析［J］．管理世界，2013（8）．

［4］陈伟，居江宁．基于大数据可视化技术的审计线索特征挖掘方法研究［J］．审计研究，2018（1）．

［5］迟巍．中国城市性别收入差距研究［J］．统计研究，2008（8）．

［6］戴觅，余淼杰．企业出口前研发投入、出口及生产率进步——来自中国制造业企业的证据［J］．经济学（季刊），2011（1）．

［7］邓进．中国高新技术产业研发资本存量和研发产出效率［J］．南方经济，2007（8）．

［8］杜传忠，郭树龙．中国服务业进入退出影响因素的实证分析［J］．中国工业经济，2010（10）．

［9］范剑勇，冯猛．中国制造业出口企业生产率悖论之谜：基于出口密度差别上的检验［J］．管理世界，2013（8）．

［10］冯小素，潘正权．行动中的科技与广告在科技传播中的作用［J］．科学学研究，2003（6）．

［11］付忠伟，黄翠竹，张百平，马丽娟．审计“全覆盖”的工作机制探析［J］．审计研究，2015（3）．

［12］高雅，李孔岳，吴晨．企业家政治关系、市场化程度与行政垄断行业进入——基于中国私营企业的实证研究［J］．经济与管理研究，2013（9）．

［13］郭研，刘一博．高新技术企业研发投入与研发绩效的实证分

析——来自中关村的证据［J］. 经济科学，2011（2）.

［14］何枫，陈荣 . R&D 与广告对中日家电企业技术效率影响的比较研究［J］. 中国管理科学，2008（4）.

［15］何志毅，林冉 . 产品的信息不对称特征对品牌策略的影响［J］. 经济科学，2005（2）.

［16］霍伟东，王明彬 . 中国出口企业"生产率悖论"的比较检验与修正［J］. 财经科学，2015（9）.

［17］计建，陈小平 . 品牌忠诚度行为—情感模型初探［J］. 外国经济与管理，1999（1）.

［18］贾俊雪 . 税收激励、企业有效平均税率与企业进入［J］. 经济研究，2014（7）.

［19］［美］杰弗里 · M. 伍德里奇 . 计量经济学导论（第四版）［M］. 费剑平译 . 北京：中国人民大学出版社，2010.

［20］康志勇 . 中国本土企业研发对企业出口行为的影响："集约边际"抑或"扩展边际"［J］. 世界经济研究，2013（10）.

［21］李春顶 . 中国企业"出口—生产率悖论"研究综述［J］. 世界经济，2015（5）.

［22］李春顶，尹翔硕 . 我国出口企业的"生产率悖论"及其解释［J］. 财贸经济，2009（11）.

［23］李春顶 . 中国出口企业是否存在"生产率悖论"：基于中国制造业企业数据的检验［J］. 世界经济，2010（7）.

［24］李春顶，史晓军，邢春冰 ."出口—生产率悖论"：对中国经验的进一步考察［J］. 经济学动态，2010（8）.

［25］李军，刘海云 . 生产率异质性还是多重异质性——中国出口企业竞争力来源的实证研究［J］. 南方经济，2015（3）.

［26］李云雁 . 财政分权、环境管制与污染治理［J］. 学术月刊，2012（6）.

［27］梁会君，史长宽 . 国内外贸易成本差异、行业要素密集度与我国出口"生产率悖论"——基于我国制造业动态面板数据［J］. 山西财经大学学报，2013（10）.

［28］刘海洋，孔祥贞，马靖 . 补贴扭曲了中国工业企业的购买行为吗？——基于讨价还价理论的分析［J］. 管理世界，2012（10）.

［29］刘海洋，马靖，宋巧．中国地级以上城市的工资差异：原因及趋势［J］．中国软科学，2012（5）．

［30］刘海洋，汤二子，郭园园，王珺．异质性企业贸易模型的扩展及中国经验［J］．世界经济与政治论坛，2011（5）．

［31］刘家义．国家治理现代化进程中的国家审计：制度保障与实践逻辑［J］．中国社会科学，2015（9）．

［32］刘家义．论国家治理与国家审计［J］．中国社会科学，2012（6）．

［33］刘晴，徐蕾．对加工贸易复利效应和转型升级的反思——基于异质性企业贸易理论的视角［J］．经济研究，2013（9）．

［34］刘文，王杰．员工隐性人力资本的形成及对工作绩效的影响——基于我国民营制造业企业的调查［J］．山西财经大学学报，2011（10）．

［35］刘志阔，蒋坤宏．中国研发投入的周期性及其非对称性——基于工业企业数据库的实证研究［J］．世界经济文汇，2014（3）．

［36］鲁晓东，连玉君．中国工业企业全要素生产率估计：1999-2007［J］．经济学（季刊），2012（2）．

［37］逯宇铎，于娇，刘海洋．出口行为对企业生存时间的强心剂效应研究——来自1999-2008年中国企业面板数据的实证分析［J］．经济理论与经济管理，2013（8）．

［38］马捷，李飞．出口退税是一项稳健的贸易政策吗？［J］．经济研究，2008（4）．

［39］马林海，张群群．中国企业规模异质性与间接出口模式——基于2013年世界银行数据的实证研究［J］．国际贸易问题，2014（7）．

［40］马轶群．地方政府债务的租值耗散及国家审计治理——以融资平台为例［J］．财经科学，2015（2）．

［41］聂辉华，张雨潇．分权、集权与政企合谋［J］．世界经济，2015（6）．

［42］潘红宇．汇率风险如何影响中国对日本的出口［J］．国际贸易问题，2006（7）．

［43］齐燕山．关于政府管理企业的几个问题［J］．管理世界，1994（4）．

［44］乔均．研发与广告对企业技术效率影响研究——基于我国食品行

业上市公司的实证分析［J］. 南京社会科学，2015（4）.

［45］邱斌，闫志俊．异质性出口固定成本、生产率与企业出口决策［J］. 经济研究，2015（9）.

［46］任海云．广告支出与研发支出的价值相关性研究［J］. 科研管理，2014（8）.

［47］山立威，甘犁，郑涛．公司捐款与经济动机——汶川地震后中国上市公司捐款的实证研究［J］. 经济研究，2008（11）.

［48］盛丹．地区行政垄断与我国企业出口的"生产率悖论"［J］. 产业经济研究，2013（4）.

［49］施炳展，逯建，王有鑫．补贴对中国企业出口模式的影响：数量还是价格？［J］. 经济学（季刊），2013（4）.

［50］宋凌云，王贤彬．重点产业政策、资源重置与产业生产率［J］. 管理世界，2013（12）.

［51］苏振东，洪玉娟，刘璐瑶．政府生产性补贴是否促进了中国企业出口？——基于制造业企业面板数据的微观计量分析［J］. 管理世界，2012（5）.

［52］孙浦阳，蒋为，陈惟．外资自由化、技术距离与中国企业出口——基于上下游产业关联视角［J］. 管理世界，2015（11）.

［53］孙维峰，黄祖辉．广告支出、研发支出与企业绩效［J］. 科研管理，2013（2）.

［54］孙晓华，王昀，徐冉．金融发展、融资约束缓解与企业研发投资［J］. 科研管理，2015（5）.

［55］汤二子．R&D与企业出口相互联系的理论研究［J］. 财贸研究，2016（2）.

［56］汤二子．中国歧视女性的社会根源及在国家治理上的红利：古今论据［J］. 制度经济学研究，2018（4）.

［57］汤二子，李影，张海英．异质性企业、出口与"生产率悖论"——基于2007年中国制造业企业层面的证据［J］. 南开经济研究，2011（3）.

［58］汤二子．中国制造业出口企业的生产率悖论及其理论解释［D］. 大连理工大学硕士学位论文，2014.

［59］汤二子，刘凤朝．研发对企业利润的影响及出口扩大效应［J］.

管理工程学报，2015（2）.

［60］汤二子，刘凤朝，张娜．生产技术进步、企业利润分配与国民经济发展［J］．中国工业经济，2013（6）.

［61］汤二子，刘海洋．中国出口企业的“生产率悖论”与“生产率陷阱”——基于2008年中国制造业企业数据实证分析［J］．国际贸易问题，2011（9）.

［62］汤二子，邵莹，刘海洋．生产率对企业出口的影响研究——兼论新新贸易理论在中国的适用性［J］．世界经济研究，2012（1）.

［63］汤二子，孙振．异质性生产率、产品质量与中国出口企业的“生产率悖论”［J］．世界经济研究，2012（11）.

［64］汤二子，孙振．研发对企业出口贸易的影响［J］．研究与发展管理，2012（6）.

［65］汤二子，孙振，孙佳．研发之用：中国情境下的企业逻辑与实证检验［J］．现代财经（天津财经大学学报），2013（7）.

［66］田雨．要正确认识和发挥广告的作用［J］．财贸经济，1982（1）.

［67］王定星．企业异质性、市场化与生产率分布［J］．统计研究，2016（8）.

［68］王鸿貌，贾英姿．国家治理视角下的中国税收征管改革研究［J］．财经问题研究，2016（1）.

［69］王家新，郑石桥，尹平．国家审计是国家治理的基石和重要保障：理论框架和实践分析［J］．审计研究，2015（6）.

［70］王孝松，谢申祥．中国出口退税政策的决策和形成机制——基于产品层面的政治经济学分析［J］．经济研究，2010（10）.

［71］王智新．创新、企业生产率与国际市场进入模式选择［D］．西北大学博士学位论文，2014.

［72］文东伟，冼国明．中国制造业的空间集聚与出口：基于企业层面的研究［J］．管理世界，2014（10）.

［73］吴彬，李涛，杨雪莲．我国酒类企业广告战略博弈分析［J］．财贸经济，2001（8）.

［74］吴愈晓．劳动力市场分割、职业流动与城市劳动者经济地位获得的二元路径模式［J］．中国社会科学，2011（1）.

［75］谢千里，罗斯基，张轶凡．中国工业生产率的增长与收敛［J］．经济学（季刊），2008（3）．

［76］许家云，佟家栋，毛其淋．人民币汇率变动、产品排序与多产品企业的出口行为——以中国制造业企业为例［J］．管理世界，2015（2）．

［77］徐莉萍，辛宇，祝继高．媒体关注与上市公司社会责任之履行——基于汶川地震捐款的实证研究［J］．管理世界，2011（3）．

［78］徐舒，朱南苗．异质性要素回报、随机冲击与残差收入不平等［J］．经济研究，2011（8）．

［79］晏维龙．中国特色社会主义国家审计“革命”之路径［J］．审计与经济研究，2016（1）．

［80］杨天宇，张蕾．中国制造业企业进入和退出行为的影响因素［J］．管理世界，2009（6）．

［81］易靖韬，傅佳莎．企业生产率与出口：浙江省企业层面的证据［J］．世界经济，2011（5）．

［82］于洪霞，陈玉宇．外贸出口影响工资水平的机制探析［J］．管理世界，2010（10）．

［83］余壮雄，闫苗苗，杨扬．企业的“国外关系”与出口—内销定位［J］．世界经济，2015（7）．

［84］张杰，黄泰岩，卢哲．中国企业利润来源与差异的决定机制研究［J］．中国工业经济，2011（1）．

［85］张杰，李勇，刘志彪．出口促进中国企业生产率提高吗？——来自中国本土制造业企业的经验证据：1999－2003［J］．管理世界，2009（12）．

［86］张艳，唐宜红，李兵．中国出口企业“生产率悖论”——基于国内市场分割的解释［J］．国际贸易问题，2014（10）．

［87］赵息，张世鹏．基于博弈视角的国家审计风险分析［J］．审计研究，2015（6）．

［88］周黎安．晋升博弈中政府官员的激励与合作——兼论我国地方保护主义和重复建设问题长期存在的原因［J］．经济研究，2004（6）．

［89］周南，王殿文．显著的植入式广告能带来更好的品牌态度吗——植入式广告显著性影响机制研究［J］．南开管理评论，2014（2）．

［90］Aw B.，Chung S.，Roberts M. Productivity and Turnover in the Export

Market: Micro-level Evidence from the Republic of Korea and Taiwan (China) [J]. World Bank Economic Review, 2000 (14): 65-90.

[91] Aw B., Roberts M., Xu D. R&D Investments, Exporting, and the Evolution of Firm Productivity [J]. The American Economic Review, 2008, 98 (2): 451-456.

[92] Baldwin R. Heterogeneous Firms and Trade: Testable and Untestable Properties of the Melitz Model [R]. NBER Working Paper, No. 11471, 2005.

[93] Bernard A., Jensen B., Lawrence R. Exporters, Jobs and Wages in U. S. Manufacturing: 1976-1987 [J]. Brookings Papers on Economic Activity, Microeconomics, 1995: 67-119.

[94] Bernard A., Jensen B. Exceptional Exporter Performance: Cause, Effect, or Both? [J]. Journal of International Economics, 1999 (47): 1-25.

[95] Bernard A., Redding S., Schott P. Comparative Advantage and Heterogeneous Firms [J]. Review of Economic Studies, 2007 (74): 31-66.

[96] Bilbiie F., Ghironi F., Melitz M. Monopoly Power and Endogenous Variety in Dynamic Stochastic General Equilibrium: Distortions and Remedies [Z]. Manuscript, University of Oxford, Boston College and Princeton University, 2006.

[97] Bilbiie F., Ghironi F., Melitz M. Monetary Policy and Business Cycles with Endogenous Entry and Product Variety [R]. NBER Working Paper, No. 13199, 2007.

[98] Bilbiie F., Ghironi F., Melitz M. Endogenous Entry, Product Variety, and Business Cycles [J]. Journal of Political Economy, 2012 (120): 304-345.

[99] Chaney T. Liquidity Constrained Exporters [J]. Journal of Economic Dynamics and Control, 2016 (72): 141-154.

[100] Clemhout S., Wan H. Learning-by-doing and Infant Industry Protection [J]. Economic Studies, 1970 (37): 33-56.

[101] Coase R. The Problem of Social Cost [J]. Journal of Law and Economics, 1960, 3 (1): 1-44.

[102] Cobb W., Douglas P. H. A Theory of Production [J]. American Economic Review, 1928, 18 (1): 139-165.

[103] Costantini J., Melitz M. The Dynamics of Firm-Level Adjustment to Trade Liberalization [A]. The Organization of Firms in a Global Economy, Helpman,

E.，D. Marin，and T. Verdier（ed）. Cambridge：Harvard University Press，2007.

［104］Croker T. D. The Structuring of Atmospheric Pollution Control Systems：The Economics of Air Pollution［M］. H. Wolozin New York：W. W. Norton & Co，1966.

［105］Crozet M.，Trionfetti F. Firm - level Comparative Advantage［J］. Journal of International Economics，2013（91）：321-328.

［106］Dales J. H. Pollution，Property and Prices［M］. Toronto：University of Toronto Press，1968.

［107］Das S.，Roberts M.，Tybout J. Market Entry Costs，Producer Heterogeneity and Export Dynamics［R］. Mimeo：Pennsylvania State University，2001.

［108］Dixit A.，Stiglitz J. Monopolistic Competition and Optimum Product Diversity［J］. American Economic Review，1977（67）：297-308.

［109］Ghironi F.，Melitz M. International Trade and Macroeconomic Dynamics with Heterogeneous Firms［J］. The Quarterly Journal of Economics，2005（120）：865-915.

［110］Gunasekera D.，Cornwell A. Essential Elements of Tradable Permit Schemes in Trading Greenhouse Emissions：Some Australian Perspectives［J］. Bureau of Transport Economics，Commonwealth of Australia，1998，11（17）.

［111］Hahn R. Market Power and Transferable Property Rights［J］. Quarterly Journal of Economics，1984，99（4）：753-765.

［112］Helpman E.，Melitz M.，Yeaple S. Export versus FDI with Heterogeneous Firms［J］. The American Economic Review，2004（94）：300-316.

［113］Highfill J.，Mcasey M. Welfare Measures in Dynamic Firm R&D Games［J］. International Advances in Economic Research，2013，19（4）：439-449.

［114］Krugman P. Increasing Returns，Monopolistic Competition，and International Trade［J］. Journal of International Economics，1979（9）：469-479.

［115］Krugman P. Scale Economies，Product Differentiation，and the Pattern of Trade［J］. The American Economic Review，1980（70）：950-959.

［116］Krugman P. Increasing Returns and Economic Geography［J］. Journal of Political Economy，1991，99（3）：483-499.

［117］Lu J.，Lu Y.，Tao Z. Exporting Behavior of Foreign Affiliates：Theory and Evidence［J］. Journal of International Economics，2010（81）：197-205.

[118] Mayer T., Melitz M., Ottaviano G. Market Size, Competition, and the Product Mix of Exporters [J]. American Economic Review, 2014 (104): 495-536.

[119] Melitz M. The Impact of Trade on Intra-Industry Reallocations and Aggregate Industry Productivity [J]. Econometrica, 2003 (71): 1695-1725.

[120] Melitz M. When and How Should Infant Industries be Protected? [J]. Journal of International Economics, 2005 (66): 177-196.

[121] Melitz M., Redding S. New Trade Models, New Welfare Implications [R]. NBER Working Paper, No. 18919, 2013.

[122] Melitz M., Ottaviano G. Market Size, Trade, and Productivity [J]. Review of Economic Studies, 2008 (75): 295-316.

[123] Melitz M., Trefler D. Gains from Trade when Firms Matter [J]. Journal of Economic Perspectives, 2012, 26 (2): 91-118.

[124] Ottaviano G., Tabuchi T., Thisse J. Agglomeration and Trade Revisited [J]. International Economic Review, 2002 (43): 409-436.

[125] Pigou A. C. The Economics of Welfare [M]. London: Macmillan, 1920.

[126] Roberts M., Tybout J. The Decision to Export in Colombia: An Empirical Model of Entry with Sunk Costs [J]. American Economic Review, 1997, 87 (4): 545-564.

[127] Roberts M., Tybout J. What Makes Exports Boom? [R]. World Bank Publications, 1997.

[128] Samuelson P. The Transfer Problem and Transport Costs, Ⅱ: Analysis of Effects of Trade Impediments [J]. The Economic Journal, 1954 (64): 264-289.

[129] Schmookler J. The Level of Inventive Activity [J]. Review of Economics and Statistics, 1954, 36 (2): 183-190.

[130] Schumpeter J. Capitalism, Socialism and Democracy [M]. New York: Harper and Brothers, 1942.

[131] Spence A. M. Job Market Signaling [J]. Quarterly Journal of Economics, 1973, 87 (3): 35-74.

[132] Tang E., Liu F., Zhang J., Yu J. A Model to Analyze the Environmental Policy of Resource Reallocation and Pollution Control Based on Firms' Heterogeneity [J]. Resources Policy, 2014 (39): 88-91.

[133] Tang E., Peng C. A Macro-and Microeconomic Analysis of Coal Production in China [J]. Resources Policy, 2017 (51): 234-242.

[134] Tang E., Zhang J., Haider Z. Firm Productivity, Pollution, and Output: Theory and Empirical Evidence from China [J]. Environmental Science and Pollution Research, 2015, 22 (22): 18040-18046.

[135] Zhang L., Dong X. Male-female Wage Discrimination in Chinese Industry Investigation Using Firm-level Data [J]. Economics of Transition, 2008, 16 (1): 85-112.

# 后 记

我自小喜爱数理化课程，大学本科时也是研修数学专业。在本科最后两年，我自发阅读了相关经济学教材，感受到经济学的优美与趣味性，特别是曼昆的《经济学原理》，如同故事会一样展现了经济学中的基本原理。经济学引起了我极大的兴趣，让我毅然决定跨专业考取经济学专业的研究生。幸运的是，我如愿以偿，成为大连理工大学的硕士研究生，师从刘海洋老师。从读研开始，我就一直在研读前沿的经济学理论，夯实了一定的研究基础。自此以后，我在学术方面就一直和经济学打交道。

经济学作为一门大学科，所包含的研究领域可谓广之又广。在研读前沿经济学理论的基础上，我着重研究了中国制造业企业的相关问题，如中国制造业企业出口问题、中国制造业企业研发问题、中国制造业企业生产率问题、中国制造业企业盈利问题、中国制造业企业生存空间问题、中国制造业企业污染排放问题、中国制造业企业财政扶持问题等。这些研究均取得了一些进展，所获得的研究成果均可集中到中国制造业企业的发展问题上来。本专著融合了我从事经济学研究以后，在中国制造业企业相关领域中所取得的一些主要成果，这也是我的第一部学术专著。出版此专著，就是期望能为新时代中国制造业企业健康发展贡献微薄的理论与实证经验。本专著是我个人到目前为止相关学术观点的聚焦，可能非常浅显与不成熟，但它是我继续从事这方面深入研究的新起点，也激励我继续努力工作，以期取得更多高质量的学术成果。

我在学术研究与人生发展道路上得到了很多人的帮助，在此对他们（相遇为序）表示诚挚谢意：大连理工大学刘海洋老师（现为西南财经大学老师）、山东青年政治学院张杰老师、南开大学盛斌老师、南京审计大学晏维龙老师、南京审计大学李陈华老师、南京大学刘志彪老师。他们对我的指导、理解与帮助，让我能安心地从事学术研究。同时，感恩家人特别是父母一直以来对我学业上的支持与勉励，感谢爱妻王倩对我工作的理解与包容，她从不会抱怨我一心从事学术研究而无暇顾及其他。最后，感谢经济管理出版社赵亚荣编辑在本专著出版过程中所付出的辛勤劳动。

**汤二子**

2019年11月于

南京审计大学位育楼